En contacto

Cuaderno de ejercicios y laboratorio

Tercera edición

Mary McVey Gill

Brenda Wegmann

Teresa Méndez-Faith

Saint Anselm College

Holt, Rinehart and Winston, Inc.

New York   Chicago   San Francisco

Philadelphia   Montreal   Toronto

London   Sydney   Tokyo

PERMISSIONS

Permission to reprint the cartoons and songs included in the text is gratefully acknowledged to the following sources.

Mafalda, Quino, Ediciones la Flor
Ángel Parra (for "La T.V.")
Productor Fonográfico Gioscia, Montevideo, Uruguay
Productor Fonográfico Discos CBS-SAICF, Argentina
Productor Fonográfico Discos DICAP-PROCOPE, Portugal
Discos "Casa de las Américas"

ACKNOWLEDGMENTS

We would like to express our deep appreciation to Theresa and Ron Barasch for their careful editing and invaluable suggestions, and to Ray Faith for the time and patience he invested in programming the crossword puzzles and in revising this edition. We would also like to thank Marilyn Pérez-Abreu, Sharon Alexander, and Julia Price of Holt, Rinehart and Winston for their many helpful comments and their excellent handling of the manuscript from development through production. This third edition owes a debt of gratitude to the many Saint Anselm students and colleagues whose insightful remarks have influenced its present form. A very special thanks also to Fredelinda Méndez for her help and constant support. Finally, we are indebted to the following people for their advice and aid in obtaining materials: Edward Paul Faith, Beverly Kienzle, Lorraine Ledford, and Louise Popkin.

T.M.F.
M.M.G.
B.W.

8 9 0 1   066   9 8 7 6 5 4 3 2

Printed in the United States of America

ISBN 0-03-014593-7

Holt, Rinehart and Winston, Inc.
The Dryden Press
Saunders College Publishing

Materias

The Answer Key for the *Cuaderno de laboratorio* is included
in the tapescript which is available upon request from the
publisher.

A la memoria de mi padre, Epifanio Méndez, ferviente defensor y ejemplo de la inagotable capacidad creadora del espíritu humano.

T.M.F.

THE PROGRAM: *EN CONTACTO*

   EN CONTACTO is a complete intermediate Spanish program designed to
put the English-speaking student in touch with today's Hispanic culture
through its language and literature. The program includes a review
grammar (*Gramática en acción*), a reader (*Lecturas intermedias*), a work-
book/lab manual, and a tape program. *EN CONTACTO* is based on the
philosophy that the acquisition of vocabulary is as important to the
intermediate student as the review of grammar. Therefore, each of the
twelve chapters of each component is coordinated with the corresponding
chapters of the other components by grammar topic, theme, and high-
frequency core vocabulary. The program is arranged for flexibility:
the grammar text (and exercise manual) can be used independently of the
reader in courses in which reading is not emphasized, and the reader
can be used independently in intermediate courses stressing reading,
literature or conversation. The twelve chapter themes are varied and
were chosen both to appeal to the contemporary student and to introduce
cultural materials and stimulating topics for discussion or composition.

THE EXERCISE MANUAL

   Each chapter of the combination workbook/lab manual contains all new
exercises not found in the review grammar. The vocabulary is drawn ex-
clusively from the review grammar so that the grammar and exercise manual
can be used independently of the reader. Cultural materials are emphasized.
Each chapter of the exercise manual contains a workbook section with exercises that can be assigned for additional writing practice. The answers
to these exercises are in the back of the book so that students can check
their own work. (If the instructor prefers, he or she may have students
turn in the perforated answer key pages on the first day of class.)

   In each chapter there is also a lab section that can be used with the
tape program. This lab section contains grammar practice, listening dis-
crimination exercises, comprehension exercises, dictations, songs, and
other exercises for oral practice of Spanish. The exercise manual is
based on and carefully coordinated with the review grammar.

Nombre_____Fecha_____Clase_____

Diversiones

EJERCICIO 1   COMPLETE LAS FRASES.   *Complete the sentences with an appropriate subject pronoun.*

1. _____ no está aquí.

2. _____ cantamos.

3. _____ vives cerca.

4. _____ asisten a clase.

5. _____ corro todos los días.

6. _____ no juegan hoy.

EJERCICIO 2   PRONOMBRES SUJETOS.   *Circle the corresponding subject pronouns.*

MODELO: Juan y Ricardo   *(ustedes /(ellos))*

1. Alicia y Eduardo   *(ellos / ellas)*

2. tú y Roberto   *(ellos / vosotros)*

3. Ana y Susana   *(ustedes / ellas)*

4. Teresa, Pedro y yo   *(nosotras / nosotros)*

5. Cecilia y nosotras   *(nosotras / nosotros)*

6. Catalina y usted.   *(vosotros / ustedes)*

EJERCICIO 3   FORMACIÓN DE FRASES. Make sentences following the model.

MODELO: Pedro/estudiar/mientras/María/dormir.
         Pedro estudia mientras María duerme.

1. Los muchachos/ir a clase/mientras/Susana/practicar el piano.

   _____

   _____

2. Juan/tocar la guitarra/mientras/sus hermanos/jugar al béisbol.

   _____

   _____

3. Tú/escribir una carta/mientras/ella/escuchar música.

   _____

   _____

4. Papá y mamá/dormir la siesta/mientras/yo/ver televisión.

   _____

   _____

5. Nosotros/dar un paseo/mientras/él/pensar en el baile de mañana.

   _____

EJERCICIO 4   COMPLETE LAS FRASES. Complete the sentences with the correct present-tense forms of the verbs in parentheses.

1. (pasear) En mis ratos libres, yo _____ por la calle principal.

2. (asistir) Ella _____ a la peña todos los sábados.

3. (pensar) ¿En qué _____ tú en este momento?

4. (jugar) Nosotros _____ al fútbol los fines de semana.

5. (seguir) ¿_____ ustedes cursos de francés y de español?

6. (poder) Usted _____ acompañarnos al cine, ¿no?

7. (ir) Generalmente yo _____ allí para pasarlo bien.

8. (estar) ¿A qué hora _____ tus amigos en casa?

EJERCICIO 5   ARTÍCULOS DEFINIDOS.   Supply the definite articles and then give the plural.

MODELO: *el* problema; *los problemas*

1. ____ ciudad; _____   6. ____ día; _____

2. ____ disco; _____   7. ____ canción; _____

3. ____ actriz; _____   8. ____ programa; _____

4. ____ mano; _____   9. ____ tertulia; _____

5. ____ examen; _____   10. ____ cine; _____

EJERCICIO 6   ¿CUÁL ES EL FEMENINO DE...?

1. el bailarín _____   4. el joven _____

2. el artista _____   5. el jugador _____

3. el campañero _____   6. el cantante _____

EJERCICIO 7 SINÓNIMOS.   Match the words on the left with their synonyms on the right. Fill in the blank with the letter of the synonym.

1. ____ bailar   5. ____ meditar   a. decir   e. desear

2. ____ canto   6. ____ charlar   b. danzar   f. artista

3. ____ actor   7. ____ contar   c. hablar   g. pensar

4. ____ querer   d. canción

EJERCICIO 8   ¿CUÁL ES LA PALABRA QUE ESTÁ FUERA DE LUGAR?   Circle the word
that does not belong.

1. película / música / cine / teatro   3. tertulia / compañero / peña / reunión

2. cantar / tocar / bailar / jugar   4. pasear / esquiar / mirar / correr

EJERCICIO 9   EL PRESENTE.   Write sentences using the material given and the
appropriate present-tense forms of the verbs in parentheses.

MODELO: María Luisa __practica__ (practicar) __tenis los fines de semana.__

                          (or) __español en el laboratorio.__

1. Ellos siempre _____ (volver) _____

2. Marta _____ (pedir) _____

3. ¿_____ (tener) tú _____?

4. Hoy yo _____ (nadar) _____

5. Nosotros _____ (leer) _____

6. El concierto _____ (empezar) _____

7. Mi compañero de cuarto _____ (decir) que _____

8. Yo no _____ (conocer) _____

EJERCICIO 10   LA PALABRA APROPIADA.   Complete with an appropriate word or
phrase from the chapter vocabulary.

1. Los fines de semana yo voy a una _____ que está cerca de casa

    para _____ la guitarra y _____ canciones con mis

    amigos.

2. Quiero _____ por el parque hoy. ¿Quieres _____ me.

    Después podemos _____ a los naipes, si quieres.

4

Nombre_____Fecha_____Clase_____

3. Él es muy cómico (*funny*). Sabe _____ de todo tipo y sabe hacer

   reír a la gente. Siempre lo veo en las _____ de cumpleaños de

   mis amigos. Se llama Paco Hazmereír y también _____ muy

   bien el tango.

4. Lo que el viento se llevó (*Gone with the Wind*)es una _____

   muy famosa. ¿Recuerdan los nombres de los _____ y de las

   _____ principales?

*EJERCICIO 11   EN EL PARQUE CENTRAL.   Describe the activities you see in this
scene from a park on a holiday afternoon.*

1. Marta _____

2. Luis _____

3. Beatriz _____

4. Roberto y José _____

5. María y Eduardo _____

6. Mario y Alberto _____

EJERCICIO 12   LA PALABRA APROPIADA.   *Choose the correct word to complete each sentence.*

1. Juanita _____ (toca / juega) el violín en la orquesta.

2. No pensamos _____ (ayudar / asistir) al teatro esta noche.

3. ¿Por qué no me _____ (ayudas / asistes) con este ejercicio?

4. El vólibol es un _____ (partido / juego) que practico mucho.

5. El profesor no _____ (sabe / conoce) que tú y yo somos compañeros de cuarto, ¿verdad?

6. ¿_____ (Conoces / Sabes) tú la ciudad de Buenos Aires?

EJERCICIO 13 EL ARTÍCULO INDEFINIDO.   *Answer each question using an indefinite article when necessary.*

MODELO: ¿Quién es él? (actor famoso)
          Es un actor famoso.

1. ¿Qué es tu padre? (músico)

   _____

2. ¿Quién es ella? (cantante famosa)

   _____

3. ¿Qué son ellos? (bailarines)

   _____

4. ¿Qué escribes? (otro poema)

   _____

5. ¿Qué leen ustedes en la clase de literatura? (novela emocionante)

_____

EJERCICIO 14   FÚTBOL "SOCCER", FÚTBOL "RUGBY" Y FÚTBOL AMERICANO. Complete the paragraph with the appropriate definite or indefinite articles. Fill in every blank.

_____ deporte que _____ latinoamericanos o europeos llaman fútbol no es

_____ mismo que aquí tiene ese nombre. Cuando _____ latinoamericano quiere hablar

del fútbol de los Estados Unidos lo llama fútbol americano. Y cuando _____

norteamericano recuerda a Pelé, _____ gran jugador brasileño, inmediatamente

piensa en *soccer*. El *rugby* no tiene _____ popularidad de _____ otros dos deportes,

pero cuenta también con muchos aficionados (*fans*). Hoy día _____ tres deportes

mencionados son totalmente independientes entre sí (*of each other*) y siguen

reglas particulares (*their own rules*). Pero si estudiamos _____ historia de los

tres, descubrimos que el *soccer*, el *rugby* y el fútbol americano tienen _____

mismo origen. _____ fútbol *soccer* es _____ versión original de _____ otros dos.

En esa versión original, uno no puede tocar _____ pelota (*ball*) con _____ manos.

En 1823, en _____ partido que juegan los estudiantes de *Rugby College* (Inglaterra),

_____ jugador decide levantar _____ pelota con _____ manos y avanzar con ella.

Nace así el *rugby football*. Medio siglo más tarde, ciertas modificaciones en

_____ reglas del *rugby* dan origen al fútbol americano. _____ primer partido del

nuevo deporte tiene lugar en 1874 en Cambridge, entre _____ universidades de

Harvard y McGill de Montreal (Canadá).

EJERCICIO 15   CONVERSACIÓN ENTRE AMIGOS.   Complete the conversation between Raúl and Manuel using the correct present tense or infinitive form of one of the reflexive verbs below:

aburrirse   divertirse   llamarse   ponerse   reunirse

MODELO: RAÚL: ¿Qué hace Luis esta noche?
            MANUEL: Asiste a una "peña" folklórica. Allí él *se reúne* con sus amigos
                    y ellos cantan y *se divierten* ¡toda la noche!

                                        RAÚL: ¿Cómo _____ la

                                        canción que canta Luis?

                                        MANUEL: _____ "Adiós

                                        muchachos". Es un tango

                                        argentino muy famoso.

                                        Luis es un fanático del

                                        tango. Cuando (él)

                                        _____ de estudiar,

                                        siempre canta tangos...

                                        Ahora practica para la

                                        "peña"...

Luis   Raúl   Manuel

8

RAÚL: ¿Y tú, qué haces cuando

_____?

MANUEL: Llamo a mis amigos y

(nosotros) _____

aquí o en la cafetería.

Después vamos al cine y

¡lo pasamos muy bien!

RAÚL: Yo también siempre

_____ cuando voy

al cine con mis amigos.

Y ahora tengo una idea...

¿Por qué (tú) no

_____ la chaqueta

y vamos a ver "Rocky V"...?

MANUEL: ¡Buena idea! Dicen que es

una película emocionante.

¡Tú y yo vamos a _____

mucho!

EJERCICIO 16   CRUCIGRAMA.

Horizontales

1. equivalente musical de la
   tertulia

2. lugar donde uno puede ver obras
   dramáticas

5. ____ al fútbol o al vólibol,
   por ejemplo

6. femenino de "actor"

8. _____ el piano o la guitarra,
   por ejemplo

10. pronombre sujeto

11. plural de "revista" (*magazine*)

14. artículo definido masculino

15. presente de "dar", plural

17. en inglés se dice *to read*

Verticales

1. generalmente se escribe en verso

3. traducción de *in the afternoon*

4. en inglés se dice *to enjoy*

5. alguien que juega béisbol es un
   ____ de béisbol

7. cuando uno viaja generalmente escribe
   y recibe _____ de amigos y parientes
   (*relatives*)

8. deporte que pueden jugar dos o cuatro
   personas

9. verbo relacionado con "canción"

12. pronombre sujeto

13. presente de "ir"

16. terminación de infinitivo

10

EJERCICIO 17   TRADUCCIÓN

1. Do you (*tú*) feel like going shopping?

   _____

2. He knows how to enjoy life; he always has a good time.

   _____

3. My roommate paints pictures, swims, or writes poems in her free time.

   _____

   _____

4. The Flores are excited about the movie. It is an exciting film!

   _____

   _____

5. We are going to sing, dance, and tell jokes at the party.

   _____

   _____

6. I do exercises in the morning and I take a walk in the evening.

   _____

   _____

7. Do you (*tú*) want to play cards or do you prefer to play the guitar now?

   _____

   _____

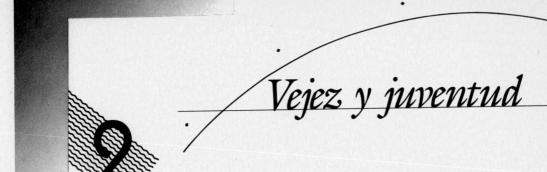

Vejez y juventud

2

EJERCICIO 1   EL PRETÉRITO. *Change the verbs to the preterit.*

MODELO: Mamá duerme poco. (ayer)
         Mamá durmió poco ayer.

1. El juego empieza temprano. (esta mañana)

_____

2. ¿Dice usted eso en un velorio? (ayer)

_____

3. Tú sabes la verdad. (la semana pasada)

_____

4. ¿Cuántos años cumplen ellas? (el mes pasado)

_____

5. Tío y tía viajan a Europa. (hace un año)

_____

EJERCICIO 2 *PREGUNTAS.* *Answer the questions in the preterit, following the model.*

MODELO: Comen con los primos. (¿y anoche?)
Anoche también comieron con los primos.

1. Van a una fiesta de cumpleaños. (¿y el mes pasado?)

_____

_____

2. Sus hijos andan en bicicleta. (¿y la semana pasada?)

_____

_____

3. Mi novio enseña en Manchester. (¿y el año pasado?)

_____

_____

4. Damos un paseo por el parque. (¿y ayer?)

_____

5. Visita Chile con un amigo. (¿y en 1984?)

_____

EJERCICIO 3 *CONTESTE NEGATIVAMENTE.* *Answer in the preterit, using the cues in parentheses, following the model.*

MODELO: ¿Hablas con tu tía? (ayer)
No, pero ayer hablé con ella.

1. ¿Vienes aquí sola? (el martes pasado)

_____

2. ¿Ustedes van al cine? (anoche)

_____

3. ¿Traen chocolates tus abuelos? (la semana pasada)

_____

4. ¿Está embarazada esa joven? (el año pasado)

_____

5. ¿Piden dinero los muchachos? (el otro día)

_____

EJERCICIO 4   EL IMPERFECTO. Rewrite the sentences in the imperfect, following the model.

MODELO: Siempre duermo ocho horas. (en el pasado)
         En el pasado siempre dormía ocho horas.

1. El abuelo ve a su nieto todos los fines de semana. (antes)

_____

_____

2. Los hijos de mi compadre son muy bien educados. (cuando eran niños)

_____

_____

3. Tú estudias de noche, ¿no? (el semestre pasado)

_____

4. Mi hermano y yo vamos a casa de abuela los fines de semana. (de niños)

_____

_____

5. ¿Buscas a papá? (hace unos minutos)

_____

EJERCICIO 5 AHORA NO, PERO ANTES... *Answer the questions in the imperfect, following the model.*

MODELO: ¿Corres dos kilómetros por día?
         Ahora no, pero antes yo corría dos kilómetros por día.

1. ¿Toca usted la guitarra todos los días?

_____

_____

2. ¿Gozas de buena salud?

_____

_____

3. ¿Pide ella consejos frecuentemente?

_____

_____

4. ¿Va Paco al cementerio una vez por mes?

_____

_____

5. ¿Tienen tres autos los Fernández?

_____

EJERCICIO 6 COMBINE LAS FRASES. *Combine the sentences using the imperfect and preterit, following the model.*

MODELO: Miramos televisión. Susana llega.
         Mirábamos televisión cuando Susana llegó.

1. Son las diez. Tú llamas por teléfono.

_____

2. Estás con Marta. Viene tu primo.

_____

16

3. Van a la universidad. Tienen el accidente.

    _____

4. Duermen. Sus hijos llevan el auto al mecánico.

    _____

5. Pensamos en Juan. Recibimos una carta de él.

    _____

6. Vivo en Venezuela. Mueren mis bisabuelos.

    _____

EJERCICIO 7   FORMACIÓN DE FRASES.   Create sentences, putting the verbs in the imperfect or preterit, as appropriate. Use the personal a when necessary.

MODELO: El matrimonio Alarcón/llegar/mientras/yo/dormir.
          El matrimonio Alarcón llegó mientras yo dormía.

1. Cuando/yo/ser/joven/fumar/mucho.

    _____

2. Ella/sólo/tener/veinte años/cuando/casarse.

    _____

3. El año pasado/nosotros/ir/a México/y/ustedes/venir/aquí.

    _____

    _____

4. Mientras/mi esposa/llorar/yo/rezar/Dios.

    _____

5. La semana pasada/Ignacio/saber/que/su papá/estar/enfermo.

    _____

    _____

6. Ser/las once/cuando/yo/llegar.

_____

EJERCICIO 8   ¿SABER O CONOCER?   Complete each sentence with an imperfect or preterit form of saber *or* conocer, *adding the personal* a *when necessary.*

1. Él _____ Marisa anoche.

2. ¿_____ usted tocar el piano cuando era niño?

3. La esposa de Pedro _____ la noticia la semana pasada.

4. ¿Cuándo _____ México tus amigos?

5. ¿_____ tú que Cervantes escribió Don Quijote de la Mancha?

6. No fui a tu casa porque no _____ tu dirección.

7. Antes mamá _____ hablar francés y portugués.

8. Nosotros _____ los González en 1982.

EJERCICIO 9   ¿CUÁNTO TIEMPO HACE...?   Answer in two ways, following the models.

MODELO: a.   ¿Cuánto tiempo hace que llegaron tus parientes?   (una hora)
Hace una hora que llegaron mis parientes.
Mis parientes llegaron hace una hora.

1. ¿Cuánto tiempo hace que cumpliste quince años?   (tres semanas)

_____

_____

2. ¿Cuánto tiempo hace que Ana y Pedro se casaron?   (nueve meses)

_____

_____

3. ¿Cuánto tiempo hace que fuimos a Nueva York?   (dos años)

_____

_____

4. ¿Cuánto tiempo hace que llamaste al novio de Teresa? (dos horas)

_____

_____

5. ¿Cuánto tiempo hace que conocimos al tío de Esteban? (pocos días)

_____

_____

MODELO: b. ¿Cuánto tiempo hace que estudias español? (dos años)
Estudio español desde hace dos años.
Hace dos años que estudio español.

1. ¿Cuánto tiempo hace que ustedes corren por el parque? (media hora)

_____

_____

2. ¿Cuánto tiempo hace que abuela reza todos los días? (mucho)

_____

_____

3. ¿Cuánto tiempo hace que conoces a Miguel? (cinco meses)

_____

_____

4. ¿Cuánto tiempo hace que ellos gozan de buena salud? (más de diez años)

_____

_____

5. ¿Cuánto tiempo hace que Carmen está embarazada? (unos tres meses)

_____

_____

EJERCICIO 10   ¿CUÁNTO TIEMPO HACÍA...?   Answer following the model.

MODELO: ¿Cuánto tiempo hacía que leías cuando ella llegó? (dos horas)
           Hacía dos horas que leía cuando ella llegó.

1. ¿Cuánto tiempo hacía que Antonio tenía cáncer cuando murió? (dos años)

    _____

2. ¿Cuánto tiempo hacía que ustedes esperaban cuando empezó el concierto?
    (veinte minutos)

    _____

    _____

3. ¿Cuánto tiempo hacía que dormías cuando escuchaste el teléfono?
    (media hora)

    _____

    _____

4. ¿Cuánto tiempo hacía que íbamos a la universidad cuando conocimos a Ana?
    (un mes)

    _____

    _____

EJERCICIO 11   TRADUCCIÓN.

1. How long have you (*tú*) lived in the same apartment or house?

    _____

    _____

2. How long ago did you (*tú*) come to the university?

    _____

3. What were you (*usted*) doing two hours ago?

    _____

20

4. I hadn't danced in a long time.

_____

5. I haven't cried for many years.

_____

EJERCICIO 12   LA FAMILIA DE ANITA. Look at Anita's family tree and complete the sentences by circling the most appropriate word or phrase in parentheses. Follow the model.

MODELO: Luisito y Anita son (primas, (primos,) tíos).

Árbol genealógico de la familia de Anita

1. El tío de Anita se llama (Luisito, Luis, José Luis).

2. Juan es (primo de Ana María, marido de Ana, tío de Susana).

3. Luis y Susana son (padres de Luisito, parientes de Luisito, compadres de Anita).

4. José Luis y Eva tienen (una hermana soltera, dos nietos, cuatro hijos).

5. Eva es la (hermana de José Luis, hija de José y María, esposa de José Luis).

6. María tiene (dos hijos casados, una hija soltera, tres hijos).

7. José y María son (abuelos de Susana, antepasados de Ana, bisabuelos de Anita).

8. José tiene (cuatro nietos, dos hijas, una bisnieta).

EJERCICIO 13   ANTÓNIMOS.   Match the words on the left with their antonyms on the right.   Fill in the blank with the letter of the antonym.

1. ____ vejez   5. ____ nacimento   a. muerte   e. olvido

2. ____ soltero   6. ____ pregunta   b. juventud   f. respuesta

3. ____ recuerdo   7. ____ anciano   c. feliz   g. joven

4. ____ infeliz   d. casado

EJERCICIO 14   LA PALABRA ADECUADA.   Choose the correct word to complete the following sentences.

MODELO: solo / solitario / sólo
         Eduardito _sólo_ tenía nueve años cuando viajó _solo_ a Buenos Aires.

1. conocía / preguntaba / sabía

   ¿ _____ usted que ella _____ Madrid?

2. pedimos / preguntamos / dimos

   Nosotros _____ si tenían vino pero sólo _____ agua.

3. padres / parientes / preguntas

   Tengo muchos _____ pero sólo dos _____.

4. aprender / enseñar / educar

   La profesora quería _____ la gramática pero los estudiantes

   preferían _____ el vocabulario.

5. está embarazada / está avergonzada / está casada

   Hace sólo once meses que Amalia _____ y ya

   _____ de ocho meses.

6. matrimonio / marido / compadre

   Ella no tiene problemas en su _____ porque su

   _____ es muy bueno.

22

EJERCICIO 15   ¿EL PRETÉRITO O EL IMPERFECTO?   *Complete the following story with the correct preterit or imperfect tense forms of the verbs in parentheses.*

Hace mucho tiempo _____ (vivir) en España un anciano muy bueno.

Él _____ (tener) un nieto que _____ (llamarse) Pepito.

Un día Pepito y su abuelo _____ (ir) al mercado a vender algunos

vegetales. Ellos _____ (poner) la bolsa (*bag*) de vegetales sobre

un burro y los dos _____ (empezar) a caminar hacia (*toward*) el

mercado. (Ellos) _____ (pasar) por un pueblo cuando _____

(oír) que unos hombres se _____ (reír) de verlos caminar en vez de

(*instead of*) usar el burro como medio (*means*) de transporte. El viejo

_____ (pensar) unos minutos y le _____ (decir) al

nieto que _____ (poder) montar (*ride*) el burro si él _____

(querer). Pepito _____ (subirse *to get on*) al burro pero antes de

llegar al mercado ellos _____ (ver) que un matrimonio los

_____ (mirar) insistentemente. Esta vez el niño _____

(bajar) del burro y el abuelo lo _____ (montar). Muy pronto ellos

_____ (escuchar) más comentarios. Una señora _____

(hablar) con su hija, y le _____ (decir) que a ella le

_____ (parecer) muy cruel ver a un niño andar tantos kilómetros

todos los días mientras su abuelo _____ (ir) en el burro.

Después de escuchar tantas críticas el abuelo le _____ (dar) un

consejo al nieto. Él le _____ (decir) que _____

(ser) muy difícil satisfacer a todo el mundo al mismo tiempo. Lo mejor que

uno _____ (poder) hacer _____ (ser) tratar de
actuar siempre correctamente. También le _____ (aconsejar) que
si él _____ (querer) gozar de buena salud mental no
_____ (deber) tratar de dar gusto a todo el mundo porque eso
_____ (ser) imposible.

EJERCICIO 16   TRADUCCIÓN.

1. I turned 22 yesterday. How old are you (*tú*)?

_____

2. My ancestors came to this country in the eighteenth century, 200 years ago.

_____

_____

3. We were alone in the house when Mr. López, the widower, came in.

_____

_____

4. We went to a wake last night; all our relatives were there.

_____

_____

5. I know a young couple. They have only one child.

_____

6. The child is very well brought up.

_____

La presencia hispana en los Estados Unidos

EJERCICIO 1 ¡UNA SEMANA MARAVILLOSA! *Ana María has just come back from a week's vacation in Miami. To find out what she did, read the following sentences from her diary, filling in the correct forms of the adjectives in parentheses.*

MODELO: Visité barrios __modernos__ (moderno).

1. Conocí lugares muy _____ (lindo).

2. Tuve aventuras _____ (interesante).

3. Hice viajes _____ (corto).

4. Comí en restaurantes _____ (cubano).

5. Caminé por calles _____ (típico).

6. Fui a fiestas _____ (magnífico).

EJERCICIO 2 UN VIAJE IMAGINARIO. *Imagine that you have just returned from Puerto Rico and your Spanish instructor wants to know about your trip. Answer the questions using the correct forms of the adjectives in parentheses, in the order given.*

MODELO: ¿Llevó maletas? (uno, pequeño)
     Sí, llevé una maleta pequeña.

1. ¿Fue a Puerto Rico en avión? (uno, grande, cómodo)

   Sí, _____

2. ¿Compró regalos? (varios, típico)

   Sí, _____

3. ¿Salió con amigos? (tres, puertorriqueño)

   Sí, _____

4. ¿Visitó museos? (dos, impresionante)

   Sí, _____

5. ¿Estuvo en una iglesia (*church*)? (antiguo, maravilloso)

   Sí, _____

6. ¿Vio parques en San Juan? (mucho, pintoresco)

   Sí, _____

EJERCICIO 3   UNA CARTA A MAMÁ. Susana is writing to her mother from Mexico; complete her letter with the correct forms of the adjectives in parentheses, putting them in the proper place.

MODELO: Anoche cené en _____*un*_____ restaurante *moderno y elegante*
          (moderno, uno, elegante).

Querida mamá,

Después de manejar durante _____ horas _____ (ocho)

llegué ayer a la _____ ciudad _____ (mexicano, primero)

donde pienso pasar _____ días _____ (varios) antes de

continuar hacia el sur.

La mayoría de los hoteles estaban llenos (*full*). Por eso dormí en el

_____ hotel _____ (único) que tenía _____

cuartos _____ (libres/*free*).

Hoy caminé por las _____ calles más _____ (dos,

importante) y compré _____ poncho muy _____ (uno,

lindo). También fui al _____ correo (*post office*) _____

26

(central) y le mandé a Pepito _____ maleta _____

(grande, uno) con _____ juguetes (*toys*) _____

(típico, mucho).

    Y ahora te dejo hasta tener más noticias que contarte. Un beso de tu hija.

EJERCICIO 4 ¿SER *O* ESTAR?   *Complete with the appropriate present-tense forms of* ser *or* estar.

MODELO: Ahora los pasajeros _*están*_ en el aeropuerto.

1. ¿De dónde _____ el amigo de Inés?

2. Yo no _____ chicano, ¿y tú?

3. El coche _____ en el garage.

4. Ellas _____ extranjeras.

5. El 10 de mayo _____ el cumpleaños de José.

6. Creo que usted _____ muy cansado, ¿no?

7. No voy a clase porque _____ enferma.

8. _____ las tres y media.

9. ¿_____ cómodo viajar en tren de noche?

10. ¿Qué fecha _____ hoy?

11. ¡Qué lástima! El café _____ muy frío.

12. Vivo en un pueblo que _____ a media hora de la capital.

EJERCICIO 5   PREGUNTAS.   Answer in the present tense, using ser *or* estar.

MODELO: ¿Las maletas?... ¿en el avión?
           Sí, *las maletas están en el avión.*

1. ¿Buenos Aires?... ¿la capital de Paraguay?

    No, _____

2. ¿Los viajeros?... ¿en el aeropuerto?

    Sí, _____

3. ¿La cita con el profesor?... ¿a las nueve?

    No, _____

4. ¿Oscar y Eduardo?... ¿en una fiesta cubana?

    Sí, _____

5. ¿El pasaporte de Ana?... ¿sobre el piano?

    No, _____

6. ¿La mesa nueva?... ¿de madera?

    Sí, _____

EJERCICIO 6   MÁS CON SER *O* ESTAR... *Complete the paragraph with a present-tense form of* ser *or* estar *as appropriate.*

El profesor Torres y su familia _____ de Chile pero _____

en los Estados Unidos desde 1974. Todos ellos _____ muy agradables. Los

señores Torres tienen cuatro hijos. Diana _____ la hija mayor (*oldest*).

Ella _____ muy simpática. Ahora _____ en la universidad.

_____ estudiante de medicina. También su hermano José _____

en la universidad. Él _____ alto y atlético como su padre. María y

Pepito _____ los "bebés" de la familia. Ellos _____ mellizos

(*twins*) y tienen doce años. Los dos _____ en la misma clase y

28

_____ muy buenos amigos. Diana y yo _____ compañeras

de cuarto y personalmente yo _____ muy contenta de vivir con ella.

¡Ella _____ hispana y yo _____ estudiante de español!

EJERCICIO 7 DEMOSTRATIVOS. *Rewrite the following phrases using demonstrative adjectives and pronouns, following the model.*

MODELO: la muchacha que está aquí; *esta muchacha; ésta*

1. el autobús que está allá lejos; _____; _____

2. los pasajes que están aquí; _____; _____

3. la revista que está cerca de usted; _____; _____

4. las bicicletas que están allá lejos; _____; _____

5. la ciudad donde usted y yo vivimos; _____; _____

6. las cartas que usted tiene en la mano; _____; _____

EJERCICIO 8 POSESIVOS. *Rewrite the phrases two ways using possessive adjectives and following the model.*

MODELO: el barrio de José; *su barrio; el barrio suyo*

1. el vuelo de Paco; _____

2. los pasajes de mis padres; _____

3. la calle de nosotros; _____

4. los pasaportes de los estudiantes; _____

_____

5. las amigas de tu prima; _____

6. los problemas míos y tuyos; _____

EJERCICIO 9   FORMACIÓN DE FRASES.   Form logical sentences, as in the model.

MODELO: barrios/visitaron/ellos/pobres/tres
          Ellos visitaron tres barrios pobres.

1. poco/viaje/este/es/incómodo/un

    _____

2. grandes/dos/aquella/señora/maletas/perdió

    _____

3. amigos/piensan/nuestros/chicanos/Colombia/viajar/a

    _____

4. ¿muchos/indocumentados/hay/ esos/ estados/en?

    _____

5. padre/duro/tu/mayor/la/trabajó/vida/de/su/parte

    _____

*EJERCICIO 10   ¡UN VIAJE INCREÍBLE!   Complete each of the blanks in the story
with a word from the following list.*

país	emigración	antiguo	descendiente
ciudad	único	aventura	nuestro
pasaje	ciudadano	maravillosa	
viaje	viajero	en avión	

   En septiembre de 1976 llegó a Washington, D.C., un _____

muy interesante. Un _____ argentino llamado Alberto Baretta

realizaba así una _____ única en la historia de América.

Alberto no tenía _____ de ida y vuelta para venir a Washington

_____ y volver a su _____ después de dos o tres

semanas de vacaciones. ¡Su _____ duró cinco años porque decidió

usar un medio de transporte muy _____! ¡Este gaucho (*cowboy*)

argentino viajó a caballo! Empezó su viaje en Uruguay y después de pasar por catorce países de _____ continente, llegó finalmente a Washington, D.C., donde fue recibido por el propio Presidente Ford. Pero su aventura _____ no terminó allí. Visitó la _____ de Nueva York, y el 27 de octubre de 1976 salió para España, donde quería dejar su caballo Queguay, _____ de los caballos de Europa que hicieron posible la conquista. Queguay fue probablemente el _____ caballo que de manera tan simbólica volvía a la madre patria después de casi cinco siglos de _____ histórica.

EJERCICIO 11 TRADUCCIÓN.

1. The inhabitants of that town are of Mexican origin.

   _____

2. Do you (*tú*) miss your old (former) neighborhood?

   _____

3. I have a brief appointment at nine.

   _____

4. He didn't go by plane; he went by car.

   _____

5. It is a beautiful, unique site.

   _____

6. My friend Ramón is of Puerto Rican origin.

   _____

7. That town—Salinas—is west of here; it is a pleasant place.

   _____

   _____

8. I want a round trip ticket to Guadalajara on a fast train.

   _____

   _____

EJERCICIO 12   CRUCIGRAMA.

Horizontales

4. opuesto a "este" (dirección)

6. querer ver a alguien ausente

7. animal usado en un deporte típico español

9. sustantivo (*noun*) relacionado con el verbo "viajar"

11. opuesto a "bueno"

13. sinónimo de "valija"; algo que uno lleva cuando va de viaje

14. en inglés se dice *appointment*

17. sinónimo de "andar"

18. pretérito del verbo "bailar"

20. opuesto a "sí"

21. pronombre sujeto

22. deporte que se juega en un frontón

23. contiene música, generalmente

25. viene después de cuatro

Verticales

1. opuesto a "oeste"

2. opuesto a "sur"

3. en inglés se dice *almost*

5. opuesto a "norte"

8. sinónimo de "calle"

9. para _____ es necesario tener alas (*wings*)

10. medio de transporte público

12. en inglés se dice *tin* o *tin can*

14. uno va al _____ para ver películas

15. el _____ de John Adams también fue presidente de los Estados Unidos

16. deporte norteamericano muy popular

19. artículo definido femenino

21. sinónimo de "característico", "particular", "propio"

24. sinónimo de "auto"

Países e ideologías

EJERCICIO 1   COMPLETE LAS FRASES. Complete the sentences with the future tense forms of the verbs underlined.

MODELO: El presidente _dirá_ esta noche lo mismo que ya dijo antes.

1. Ustedes no hicieron nada hasta ahora; ¿ _____ algo pronto?

2. Leí su discurso y _____ su próximo libro también.

    Ellos no quisieron salir anoche. ¿_____ salir hoy?

4.   el dictador: "No supe gobernar antes pero _____
      ⟩ en el futuro."

5. Pe⟩   venir una vez pero no _____ venir siempre.

6. Voté p⟩   dversario el año pasado pero _____ por ti
    esta vez⟩

7. Nosotros _____ en estas elecciones como ganamos hace
    siete años.

8. Susana no vino a la última clase ni _____ a la próxima
    tampoco.

EJERCICIO 2   ENTREVISTA CON CABEZAHUECA. Cabezahueca, one of the most popular presidential candidates of the day, is answering questions for a newspaper interview. Complete his responses, using the future tense.

MODELO: ¿Vamos a gozar de menos derechos?
          No, ustedes no __*gozarán de menos derechos.*__

1. ¿Su gobierno va a ayudar a los pobres?

    Sí, mi gobierno _____.

2. ¿Vamos a tener más escuelas?

    Sí, nuestro pueblo_____.

3. ¿Va a perseguir (*persecute*) a los comunistas?

    No, yo no _____.

4. ¿Vamos a importar más productos extranjeros?

    No, nosotros no _____.

5. ¿Va a respetar el voto de los estudiantes?

    Sí, yo _____.

6. ¿Su gobierno va a apoyar la libertad de prensa?

    Sí, mi gobierno _____.

7. ¿Va a eliminar la anarquía?

    Sí, mi partido y yo _____.

EJERCICIO 3   PREGUNTAS Y RESPUESTAS.   Answer the questions with conjectures using the future of probability, following the model.

MODELO: ¿Por qué no está aquí el diputado García?   (enfermo)
          No lo sé, estará enfermo.

1. ¿Cómo vienen tus padres?   (por avión)

    _____

2. ¿Qué hora es?   (las seis)

    _____

3. ¿Adónde van esos diputados?　　　　　　　(al Congreso)

_____

4. ¿Por quién votan las muchachas?　　　　(Ana Gutiérrez)

_____

5. ¿Cuántos años tiene la reina de Inglaterra?　(unos sesenta años)

_____

6. ¿Cuándo estudia Isabel?　　　　　　　(por la noche)

_____

7. ¿Por qué hay policías en la universidad?　(una manifestación)

_____

EJERCICIO 4　CONTESTE AFIRMATIVAMENTE. Answer in the affirmative using the conditional, following the model.

MODELO:　¿Qué dijeron ustedes?　¿Dar un golpe de estado?
　　　　　Sí, dijimos que daríamos un golpe de estado.

1. ¿Qué pensó ella?　¿Ver al diputado?

_____

2. ¿Qué creyeron los conservadores?　¿Ganar en las elecciones?

_____

3. ¿Qué dijo usted?　¿No votar por los republicanos?

_____

4. ¿Qué prometí yo?　¿Apoyar al candidato liberal?

_____

5. ¿Qué afirmaron esos políticos?　¿Combatir la inflación?

_____

EJERCICIO 5   FUTURO Y CONDICIONAL.   Complete the sentences with the future or conditional forms of the verbs in parentheses, as appropriate.

MODELO: (votar)   Papá cree que Oscar ___*votará*___ pero éste dijo que no ___*votaría*___ .

1.   (haber)   Señor Presidente, ¿cómo puede decir usted ahora que no

                    _____ paz si sólo la semana pasada dijo que ya no

                    _____ más violencia?

2.   (triunfar)   Tú piensas que los revolucionarios _____, pero yo

                    soñé que ellos no _____.

3.   (venir)   Nosotros creemos que el diputado _____ hoy, pero

                    sus contrarios dijeron que él no _____.

4.   (poder)   Los rebeldes (*rebels*) piensan que _____ ganar

                    pero el gobierno dijo que aquéllos no _____

                    ganar jamás.

5.   (salir)   Juan está seguro de que hoy todo le _____ mal

                    (*will turn out badly for him*) porque leyó en su horóscopo que

                    nada le _____ bien.

EJERCICIO 6   PROBABLEMENTE...   Rewrite the sentences using the future or conditional of probability, as appropriate.

MODELOS: a.   El gobernador <u>probablemente está</u> en casa.
                El gobernador <u>estará en casa.</u>

           b.   Los estudiantes <u>probablemente fueron</u> a la reunión.
                Los estudiantes <u>irían</u> a la reunión.

1.   Tú <u>probablemente sabes</u> la verdad.

     _____

2.   Sus padres <u>probablemente son</u> ricos.

     _____

3. <u>Probablemente eran</u> las diez cuando te llamé.

_____

4. No come porque <u>probablemente no tiene</u> hambre.

_____

5. Lo hizo porque <u>probablemente quería</u> hacerlo.

_____

EJERCICIO 7   COMPARACIONES. Look at the drawings and answer the questions using comparatives. Follow the models.

MODELOS:

¿Quién es más alta? ¿Marta o Susana?
Marta es tan alta como Susana.

¿Quién es más popular? ¿El candidato joven o el candidato viejo?
El candidato joven es menos popular que el candidato viejo.

1. ¿Dónde hay más libros?
   ¿en la mesa o en la silla?

_____

SEÑOR ORDÓÑEZ   SEÑOR IBARRA

2. ¿Quién recibió más votos? ¿el
   señor Ordóñez o el señor Ibarra?

_____

AUTO DEL PRESIDENTE

AUTO DE PAPÁ

5. ¿Cuál es más viejo? ¿el auto de
   papá o el auto del presidente?

_____

3. ¿Cuál es más larga? ¿la calle
   Colón o la calle Rincón?

_____

TERESA   MARÍA

4. ¿Quién está más feliz? ¿Teresa
   o María?

_____

CINE PLAZA

6. ¿Qué hay más en la cola (*line*)
   muchachas o muchachos?

_____

EJERCICIO 8 DON COMPÁRALOTODO.   Don Compáralotodo always has to have the last word. If someone tells him that he knows an honest politician, Don Compáralotodo knows one who is more honest; if someone tells him he heard an uninteresting speech, Don Compáralotodo has heard one that is less interesting. Following the models, write responses Don Compáralotodo makes to his friends' comments.

MODELOS: a.   El gobernador es muy conservador.   (el presidente, más)
               Pero el presidente es más conservador.

          b.   Allí hay pocos autos modernos.   (en Rusia, menos)
               Pero en Rusia hay menos autos modernos.

          c.   Yo estoy mal.   (su tío, más)
               Pero su tío está peor.

1. Los García tienen poco dinero.   (los López, menos)

_____

2. Susana escribe bien.   (mi esposa, más)

_____

3. Ayer hablé con muchos políticos.   (tu adversario, más)

_____

4. La monarquía es mala.   (la dictadura, más)

_____

5. Ellos viajaron poco.   (sus amigos, menos)

_____

6. Paraguay es un país pequeño.   (Uruguay, más)

_____

EJERCICIO 9 MÁS COMPARACIONES...   Complete each of the sentences with one or more of the following words: más, menos, que, tan, tanto (-a, -os, -as), como, de.

MODELOS: a.   ¿Sabes *tanto* como yo?

          b.   Votaron más _*de*_ diez mil estudiantes.

1. Tú tienes veinte dólares y yo cinco. Tienes _____ dinero que yo.

2. El presidente habló en _____ ciudades como el vice-presidente.

3. En dos siglos de gobierno no tuvimos más _____ un presidente corrupto.

4. Ellos se oponen tanto a la anarquía _____ a la monarquía.

5. El presidente habló dos horas y el gobernador sólo una. Éste habló

   _____ que aquél.

6. Mamá es _____ liberal como papá.

7. Ellos recibieron menos votos _____ nosotros.

8. Estoy segura que allí hay más _____ diez partidos.

EJERCICIO 10   DIÁLOGO CON UN ESTUDIANTE FANÁTICO...   Antonio is trying to convince his friend Carlos to come to the university he attends. Use the superlative as he would, to describe his alma mater.

MODELOS: a.   ¿Tienen una buena biblioteca de música?
                 Sí, tenemos __*la mejor biblioteca del*__ país.

           b.   ¿Crees que música es una carrera fácil?
                 Sí, creo que música es __*la carrera más fácil de*__ todas.

1. ¿Está la universidad en una ciudad interesante?

   Sí, la universidad está en _____ esta
   región.

2. ¿Son simpáticos los muchachos?

   Sí, nosotros somos _____ toda
   América del Sur.

3. ¿Es grande la universidad?

   Sí, es _____ país.

4. ¿Vienen aquí estudiantes inteligentes?

   Sí, aquí vienen _____ la
   tierra.

3. They knew the Americans would not support the opposition.

    _____

    _____

4. Everyone thought there would be a *coup d'état*.

    _____

5. Actually, they're more honest than your friends.

    _____

6. He was the worst king in history.

    _____

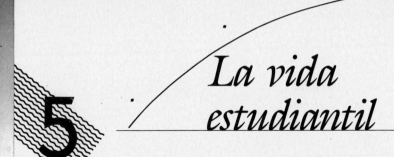

La vida estudiantil

5

EJERCICIO 1   PRESENTE DEL SUBJUNTIVO.   Complete Roberto's answers to his roommate's questions, using the present subjunctive.

MODELO: ¿Vas tú a la biblioteca con Ana?
          No, pero es posible que Juan *vaya a la biblioteca con ella.*

1.   ¿Quieres seguir ingeniería?

     No, pero es probable que mi hermana _____.

2.   ¿Deseas trabajar todo el verano?

     Sí, pero es increíble que tú _____.

3.   ¿Piensas ir a clase mañana?

     No, pero es bueno que Paco y Pepe _____.

4.   ¿Es exigente tu profesor de sociología?

     Sí, pero es dudoso que mi profesor de francés _____.

5.   ¿Estudias español todos los días?

     No, pero es necesario que yo _____.

6.   ¿Leen ustedes La divina comedia en la clase de literatura?

     No, pero es una lástima que nosotros no _____

     _____.

EJERCICIO 2   POSIBILIDADES MÚLTIPLES.   Mark the most appropriate choice to complete each of the following sentences.

MODELO: Es verdad que...
  ___ (a) saque una buena nota.
  _x_ (b) sigo dos cursos de historia.
  ___ (c) estudie con Lolita esta noche.

1. No es bueno que...
  ___ (a) hablan mucho en clase.
  ___ (b) fracasen en ese examen.
  ___ (c) exigen demasiado.

2. Es evidente que ustedes...
  ___ (a) sean buenos estudiantes.
  ___ (b) tienen deseos de aprender.
  ___ (c) estén nerviosos.

3. Es mejor que tú...
  ___ (a) lees tus lecciones.
  ___ (b) hagas tus ejercicios.
  ___ (c) dices la verdad.

4. ¿Es posible que Mónica...
  ___ (a) sigue cinco materias?
  ___ (b) teme hablar con su profesora?
  ___ (c) se gradúe en diciembre?

5. Es cierto que ella...
  ___ (a) pasó el examen final.
  ___ (b) pase el examen final.
  ___ (c) estudie para ese examen.

6. No es seguro que mis padres...
  ___ (a) puedan pagar mi matrícula.
  ___ (b) pueden pagar mi matrícula.
  ___ (c) van a pagar mi matrícula.

7. Es obvio que usted...
  ___ (a) no asista a clase los viernes.
  ___ (b) no está en clase los viernes.
  ___ (c) no venga a clase los viernes.

8. ¿No es preferible que ustedes...
  ___ (a) se gradúan el año que viene?
  ___ (b) se especialicen en ciencias de computación?
  ___ (c) se especializan en medicina?

EJERCICIO 6   CONVERSACIÓN ENTRE HERMANOS.   Antonio is telling Dora, his younger sister, how difficult it is to survive in college, but his sister doesn't quite believe everything she hears.   Complete Dora's responses using the cues provided.

MODELO: Es difícil encontrar un buen compañero de cuarto.
Dudo que   *sea difícil encontrar un buen compañero de cuarto.*

1.   Todos los profesores son exigentes.

No creo que _____.

2.   Los estudiantes pasan todo su tiempo en la biblioteca.

No es bueno que _____

_____.

3.   Mi compañero de cuarto sólo piensa en ganar dinero.

¿Es posible que _____

_____?

4.   La comida de la cafetería universitaria es horrible.

¡Es imposible que _____

_____!

5.   Tengo que leer mil páginas por semana para filosofía.

Es redículo que _____

_____.

6.   ¡En español aprendemos cien palabras nuevas por día!

Me alegro de que _____
Ahora podremos ir a México...¡y tú serás nuestro intérprete (*interpreter*)!

EJERCICIO 7   ¿INDICATIVO O SUBJUNTIVO?   Complete the sentences with the correct forms of the verbs in parentheses (indicative or subjunctive).   Then change them to the negative, using the cues provided.

MODELO: Es verdad que yo __quiero__ (querer) viajar.
No es verdad que yo __quiera viajar__.

1. Es dudoso que ellos _____ (tener) el examen hoy.

   No hay duda de que ellos _____.

2. Tú y Silvia creen que _____ (haber) buenos y malos profesores.

   Tú y Silvia no creen que _____.

3. Es bueno que ustedes _____ (saber) la verdad.

   No es bueno que ustedes _____.

4. Es cierto que (tú) _____ (estar) contenta.

   No es cierto que (tú) _____.

5. Están seguros de que nosotros _____ (poder) ir.

   No están seguros de que nosotros _____.

6. Mamá duda que yo _____ (escribir) poemas románticos.

   Mamá no duda que yo _____.

7. Es obvio que en esta clase uno _____ (aprender) mucho.

   No es obvio que en esta clase uno _____.

8. Es evidente que ese liceo _____ (ser) muy bueno.

   No es evidente que ese liceo _____.

EJERCICIO 8   ¿QUÉ QUIEREN ELENA, EL SR. LÓPEZ, SILVIA Y MARTITA?   Complete the
sentences based on the cues in the pictures.

MODELO: a. Elena quiere _____.
             Elena quiere dormir.

         b. Elena no cree que mañana _____.
             Elena no cree que mañana llueva.

a.   b.

Elena

Nombre_____ Fecha_____ Clase_____

1. a. El Sr. López desea _____   b. El Sr. López quiere que Martita

   _____ .   _____ .

       a.   b.

EL SEÑOR LÓPEZ

2. a. Martita no quiere _____   b. Martita le pide a su mamá que le

   _____   _____ .

       a.   b.

MARTITA

3. a. Silvia piensa _____   b. Silvia no duda que su novio

   _____ .   _____ .

       a.   b.

Silvia

EJERCICIO 9   EL PERRO (DOG), EL GALLO (ROOSTER) Y LA ZORRA (FOX). *Complete the following dialogue from Aesop s fables with the correct form of the verbs in parentheses (subjunctive, indicative or infinitive).*

EL GALLO: Quiero que tú _____ (conocer) a mi amigo el perro.

LA ZORRA: Espero que nosotros tres _____ (ser) muy buenos amigos.

EL PERRO: No dudo que los tres _____ (poder) ayudarnos siempre.

EL GALLO: Es mejor que _____ (caminar) juntos, en caso de peligro.

"De acuerdo", contestaron la zorra y el perro, y fueron todos hacia el bosque (*woods*).

EL PERRO: Creo que nosotros _____ (deber) pasar la noche por aquí.

EL GALLO: Yo pienso _____ (dormir) en lo alto de este árbol. Buenas noches a todos.

EL PERRO: Estoy seguro que yo _____ (ir) a descansar bien en el hueco (*hollow*) de este mismo árbol.

LA ZORRA: Yo también deseo _____ (estar) cerca de ustedes. Voy a dormir aquí.

Después de poco rato dormían los tres. Pero el gallo se despertó (*woke up*) muy temprano y empezó a cantar. Al oír su canto, apareció (*appeared*) la zorra. La muy astuta le dijo:

LA ZORRA: ¡Buenos días! Te ruego que _____ (bajar—*to come down*) del árbol para darte las gracias por tan linda canción.

"Esta zorra cree que yo _____ (ser) más estúpido que un burro", pensó el gallo. "Le quiero _____ (dar) una buena lección a esta 'amiga'."

EL GALLO: Primero es necesario que tú _____ (llamar) a nuestro portero (*gatekeeper*) el perro.

La zorra, que sólo pensaba en el banquete que iba a darse con el gallo, no entendió lo que hacía el gallo. Llegó al hueco del árbol y dijo:

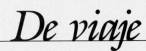

De viaje

EJERCICIO 1   PROMESAS Y MÁS PROMESAS.   Before Rita leaves for Spain, she makes some promises to her boyfriend, Luis, who doesn't quite believe everything he hears. Using direct object pronouns, ask the questions Luis would ask in response to Rita's promises.

MODELOS: a. <u>Te</u> extrañaré mucho.   *—¿Me extrañarás?*
          b. No perderé <u>mi pasaporte</u>.   *—¿No lo perderás?*

1. Seguiré <u>tus consejos</u>.   —¿_____?

2. Visitaré <u>el Museo del Prado</u>.   —¿_____?

3. Pagaré <u>mis cuentas</u> a mi regreso.   —¿_____?

4. <u>Te</u> llamaré desde Madrid.   —¿_____?

5. Mandaré <u>cartas y tarjetas postales</u>. —¿_____?

6. Veré <u>a Susana</u>.   —¿_____?

7. No traeré <u>regalos caros</u>.   —¿_____?

8. Haré <u>una larga gira</u>.   —¿_____?

EJERCICIO 2   OBJETOS DIRECTOS.   Answer in complete sentences using direct object pronouns and the cues in parentheses.

MODELOS: a. ¿Cuándo ves <u>al guía</u>? (hoy)
              Lo veo hoy.

b. ¿Por qué me llamas?   (por costumbre)
   Te llamo por costumbre.

1. ¿Cuándo discutieron ustedes este viaje?   (anoche)

   _____

2. ¿Quién compró los boletos?   (tía Rosa)

   _____

3. ¿Cómo pagó usted la cuenta?   (con un cheque de viajero)

   _____

4. ¿Dóndo te voy a ver?   (en la parada)

   _____

5. ¿Cuándo me visita usted?   (mañana)

   _____

6. ¿Quién nos busca?   (el gerente)

   _____

7. ¿Dónde llevaron las maletas?   (a la estación)

   _____

8. ¿Cuándo anuncian ellos la nueva tasa de cambio?   (esta tarde)

   _____

EJERCICIO 3   OBJETOS INDIRECTOS.   Rewrite the sentences based on the cues in parentheses, using indirect object pronouns.

MODELO: Prometemos una gira por Europa.   (a ellos)
         Les prometemos una gira por Europa.

1. Ofrecemos un viaje gratis.   (a usted)

   _____

2. No das mucha propina.   (a las camareras)

   _____

3. ¿Prohíbes hablar con los huéspedes? (a mí)

_____

4. Pagamos el pasaje. (a ti)

_____

5. ¿Llevas el equipaje? (a Luisa)

_____

6. No damos mapas. (a los turistas)

_____

7. ¿Busca un buen guía? (a nosotros)

_____

8. No permiten cruzar la frontera. (a Jorge)

_____

EJERCICIO 4   DIÁLOGO BREVE.   Complete the conversation with the appropriate indirect object pronouns.

EL GUÍA: ¿_____ va a tocar algo a los pasajeros?

SR. LEAL: Lo haría con gusto, pero... no sé dónde está mi guitarra.

EL GUÍA: Yo _____ puedo ofrecer la mía, si _____ promete tratarla bien.

SR. LEAL: ¡Por supuesto!.. y muchas gracias. Usted es muy amable... Bueno,

             distinguidos señores y señoras, primero _____ voy a cantar "Adiós

             muchachos", un tango típico de mi país.

UN JOVEN: (a su amiga) ¡Ay, no, los tangos son muy viejos! ¡Los bailaban

             nuestros abuelos y bisabuelos! Creo que este concierto no _____

             va a gustar a nosotros.

LA AMIGA: Tienes razón. ¿Por qué no _____ dices al guía que queremos cruzar

a ese restaurante a tomar algo? Tengo mucha sed... ¿_____ puedes

comprar una limonada bien fría?

EL JOVEN: ¡Claro! Y si quieres escuchar al señor Leal... _____ puedo traer

la limonada aquí.

SR. LEAL: Bueno, si aquellos dos jóvenes dejan de hablar y _____ hacen el

favor de escuchar, voy a empezar con "Adiós muchachos".

*EJERICICIO 5   ¿SÍ O NO?   Answer the following questions two ways using direct
or indirect object pronouns, following the model.*

MODELO: ¿Piensa usted esperar (a los turistas)?
           Sí, *pienso esperarlos.*
           Sí, *los pienso esperar.*

1.   ¿Quieres contestar (esas cartas)?

     Sí, _____.

     Sí, _____.

2.   ¿Prometen ustedes dejar propina (al camarero)?

     Sí, _____.

     Sí, _____.

3.   ¿Piensa usted mandar un telegrama (a sus padres)?

     No, _____.

     No, _____.

4.   ¿Puedes pedir un mapa (a la guía)?

     Sí, _____.

     Sí, _____.

5. ¿Prefieren ustedes visitar (el museo) hoy?

   Sí, _____.

   Sí, _____.

6. ¿Quiere usted dejar (su maleta) aquí?

   No, _____.

   No, _____.

*EJERCICIO 6   POSIBILIDADES MÚLTIPLES. Each of the following sentences has either
the direct or the indirect object underlined. For each of them, four possible
answers are given. Choose the phrase to which the pronoun might refer.*

MODELO: Yo se la voy a dar después.

   __ la carta   X a ellas   __ a mí   __ el recuerdo

1. Si ustedes esperan, yo se lo pregunto.

   __ al guía   __ el guía   __ la información   __ el número

2. Lo vas a necesitar en la frontera. ¿Por qué no lo llevas?

   __ el correo   __ la maleta   __ el pasaporte   __ al doctor

3. Ellos nos los van a vender, pero a un precio más bajo.

   __ a los padres   __ a ella   __ los boletos   __ la propina

4. Bueno, te las llevo hasta la estación.

   __ a nosotras   __ los mapas   __ las maletas   __ a la familia

5. ¿Cuándo nos la va a traer?

   __ la cuenta   __ la costumbre   __ el desayuno   __ la cuadra

6. Prefiero dejárselas en el hotel.

   __ las estampillas   __ a mí   __ a ustedes   __ los billetes

7. ¿<u>Nos</u> la explicas ahora?

__ la dirección   __ a nuestros hijos   __ a nosotros   __ a ella

8. No <u>te</u> lo puedo decir, Pedro; es confidencial.

__ a la playa   __ a ti   __ el secreto   __ el huésped

EJERCICIO 7   ¡BUEN VIAJE! Just before leaving for Lima, Perú, Mrs. Fernández begins to worry about whether everything is in order for the trip. Using object pronouns, form affirmative answers to the questions she asks Mr. Fernández.

MODELOS: a.   SRA. FERNÁNDEZ: ¿Te marcaron las maletas?
                     SR. FERNÁNDEZ: *Sí, me las marcaron.*

              b.   SRA. FERNÁNDEZ: ¿Le diste nuestro número de teléfono al abogado?
                     SR. FERNÁNDEZ: *Sí, se lo di.*

1.   ¿Les explicaste la situación a los vecinos (*neighbors*)?

_____

2.   ¿Me pusiste los documentos en la cartera (*purse*)?

_____

3.   ¿Nos reservaron los Benítez un hotel en Lima?

_____

4.   ¿Le dejaste los gatos a Pancho?

_____

5.   ¿Te dio las medicinas Graciela?

_____

6.   ¿Les mandaste el telegrama a los Benítez?

_____

EJERCICIO 8   COMPLETE LAS FRASES.   Complete the sentences with the prepositional object pronouns corresponding to the cues in parentheses.

MODELO: Las estampillas son para _mí_ (yo) y el mapa es para _él_ (Juan).

1. Prometo ir con _____ (tú) si no sales con _____ (Ernesto Javier).

2. Los boletos son de _____ (Ana y Sonia) pero eso es de _____ (Luis y yo).

3. ¿Estás segura que no hubo nada entre _____ (tú) y _____ (Roger

    mientras trabajabas de camarera en el restaurante de _____ (su pa   )?

4. Según _____ (el gerente del hotel), ustedes no pueden pasar la noche on

    _____ (yo) sin pagar extra.

5. Como había pocos asientos libres, el guía se los dio a _____ (las mujere

    y a _____ (los niños). ¿Es eso caballerosidad (chivalry) o discriminación?

6. Todos compran algo para _____ (la recepcionista), excepto _____ (yo)

    porque ya le dejé una buena propina.

EJERCICIO 9   MINI-DIÁLOGOS.   Complete the following mini-dialogues with
prepositional object pronouns.

MODELO: UN ABOGADO: A _usted_ le acusan de robar una vaca, señor.
         UN HOMBRE: ¡Imposible! ¡Soy vegetariano!

1. UNA NIÑA: Los señores no están en casa. Están de vacaciones.

    UN HOMBRE: Mejor, preciosa, nosotros sólo venimos para robarles a

    _____.

2. UN HOMBRE: ¿Vio usted algún policía aquí en la estación?

    UN TURISTA: No, señor.

EL HOMBRE: Entonces ahora mismo le ordeno a _____ que me dé a

_____ todo su dinero, sus cheques de viajero, su reloj,

su anillo (*ring*)... ¡todo su equipaje!

3. UNA NIÑA: Entre mi mamá y yo lo sabemos todo. A _____ nos puede

preguntar cualquier cosa.

UN PASAJERO: A ver. ¿Dónde está la aduana?

LA NIÑA: Esa es una de las cosas que sabe mi mamá. Le debe preguntar

eso a _____ .

4. UN NIÑO: Mi profesor dice que los tiempos verbales son: presente,

pasado y futuro. ¿En qué tiempo está la oración: "Yo te pido

dinero a _____ "?

LA MADRE: ¡Tiempo perdido, hijo mío!

EJERCICIO 10   ¡*PREGUNTÉMOSLE AL GUÍA*! *It is the first day of a tour and the tourists are asking their guide many questions. Answer their questions with negative* <u>usted</u> *or* <u>ustedes</u> *commands, as the guide would.*

MODELOS: a. ¿Puedo cambiar dólares en esta pensión?
              No, no cambie dólares en esta pensión.

          b. ¿Debemos dejar propina aquí?
              No, no dejen propina aquí.

1. ¿Puedo ir a la playa ahora?

_____

2. ¿Podemos sacar fotos en este museo?

_____

3. ¿Puedo comprar regalos en el aeropuerto?

_____

4. ¿Debemos poner las maletas en el taxi?

_____

Nombre_____Fecha_____Clase_____

5. ¿Debo buscar un hotel de lujo?

    _____

6. ¿Podemos pagar con cheques de viajero aquí?

    _____

7. ¿Debemos pedir cuartos dobles?

    _____

8. ¿Puedo mandar libros por correo aéreo?

    _____

*EJERCICIO 11   MANDATOS INFORMALES. Determine which of the following verbal
forms are tú commands, whether affirmative or negative, and circle them. Write
usted next to the formal commands and leave everything else blank.*

MODELO: vuelves ____   vuelva *usted*   (vuelve) ____

1. no hable *Ud.*   (no hables) ____   no hablas ____

2. cruzas ____   cruce *Ud.*   (cruza) ____

3. venga *Ud.*   viene ____   (ven) ____

4. (haz) ____   haga *Ud.*   hace ____

5. no dices ____   (no digas) ____   no dice ____   *none*

6. no tarda ____   no tarde *Ud.*   no tardas ____   *none*

7. explicas ____   (explica) ____   explique *Ud.*

8. tenga *Ud.*   (ten) ____   tiene ____

9. no pone ____   (no pongas) ____   no pones ____   *none*

10. no sale ____   no sales ____   (no salgas) ____   *none*

11. no vaya *Ud.*   (no vayas) ____   no va ____

EJERCICIO 12   UN POCO DE LÓGICA...   Mark the choice that tells what the object pronouns might refer to and whether the sentence is a formal or informal command. Mark No es un mandato *if the sentence is not a command.*

MODELO: Déjelas aquí.
       __ mapas; tú   __ cuartos; usted
       _X_ maletas; usted   __ No es un mandato.

1. No los cambies ahora.   *cambiar*
    _X_ cheques; tú   __ dinero; tú
    __ cheques; usted   __ No es un mandato.

2. Cómpremelo, por favor.   *comprar*
    __ libro; tú   _X_ boleto; usted
    __ correo; tú   __ No es un mandato.

3. No la tiene.
    __ dirección; usted   __ puerta; usted
    __ estación; tú   _X_ No es un mandato.

4. No la cruce.   *cruzar*
    _X_ calle; usted   __ banco; usted
    __ propina; tú   __ No es un mandato.

5. Páguesela.   *pagar*
    _X_ equipaje; usted   __ café; tú
    __ cuenta; usted   __ No es un mandato.

6. Dánoslas gratis.   *dar*
    __ guías; usted   _X_ estampillas; tú
    __ asientos; tú   __ No es un mandato.

7. No lo olvides.   *olvidar*
    __ regalo; usted   __ gira; tú
    _X_ regalo; tú   __ No es un mandato.

8. Nos los reservas.
    __ cuartos; usted   __ costumbres; tú
    __ cuartos; tú   _X_ No es un mandato.

EJERCICIO 13   MANDATOS VARIOS.   Fill in the second sentence of each series with the appropriate affirmative or negative command, using the same verb as the first sentences.   Use object pronouns whenever possible.

MODELO: —No dejé las cartas en el correo ayer, mamá.
        —Pues entonces *déjalas* hoy, mi hija.

1. —Le compré los boletos a Jorge y ahora él me dice que no tiene dinero...

   —Mira, no _cómpra̶to̶s_ nunca más. ¡Jorge abusa de ti!
   se los

2. —¡Dios mío! ¡Ustedes no llamaron a Susana!

   —¡Es verdad! _llámemela_ ahora mismo. Ella nos va a perdonar, ¿no?

3. —No compramos boletos de ida y vuelta. ¿Qué hacemos?

   — _Cómprenlos_ en la estación central. Ustedes ya saben dónde queda.

4. —¡Qué vergüenza! No le di la bienvenida (*welcome*) a Enrique Rosser.
   ¿Qué hago? ¿Crees que ya es tarde?

   —No, creo que no... Allí está él. _Dásela_ ahora, Beatriz.

5. —¿Cómo ? ¿No le explicaron el problema al guía?

   —No... pero todavía hay tiempo. _Expliquémoselo_ inmediatamente. Él nos
   comprenderá.

*EJERCICIO 14   LOS ETERNOS CONTRARIOS.   In each of the following sentences a
person or a group of people tells you about an intention to do something; tell
him/her/them not to do it until tomorrow, using object pronouns.   (If you are
addressing more than one person, you will use the ustedes form.)*

MODELOS: a. Quiero darte los sellos.
              No me los des hasta mañana.

          b. Pensamos comprar una guía turística.
              No la compren hasta mañana.

1. Pienso traerle los boletos esta tarde.

   No me los traigan hasta mañana.

2. Quiero dejarte el mapa.

   No me lo dejes

3. Vamos a visitar la universidad "Saint Anselm".

   No la visiten

4. Tengo que explicarte nuestro itinerario.

No me lo expliques

5. Debemos cambiar nuestros cheques de viajero.

No los cambien

6. Voy a llamarlo esta noche.

No lo llame

7. Necesito pedirte un favor.

No me lo pidas

EJERCICIO 15   TRADUCCIÓN.

1. He has my suitcase... Please follow him (*ustedes*)!

El tiene mi maleta...¡Por favor síganlo!

2. First, let's take our luggage to the hotel.

Primero, llevemo nuestro equipaje al hotel

3. The guide explained the difference between a "pensión" and a "hotel" to us.

El guía nos explicó la difrencia entre una pensión y un hotel.

4. I know their address. The bus will take about twenty minutes to get there.

Sé su dirección. El autobús tardará unos veinte minutos en llegar allí.

5. The Lópezes are leaving tomorrow. They are going on vacation to Chile.

Los López salen mañana. Ellos van de vacaciones a Chile.

EJERCICIO 16 ¿ADÓNDE LLEGA? You are in the Hotel Continental in an unfamiliar city. With the help of the map below, you set out to view the town. Follow the directions, and fill in the missing information. (The destination reached at the end of a direction becomes the starting point for the next direction, as shown for number 1.)

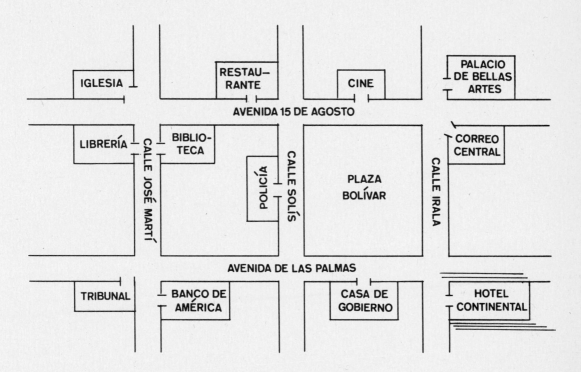

MODELO: Usted está en la puerta del Hotel Continental. Doble a la derecha.
        Cruce la Avenida de las Palmas y siga derecho por la calle Irala.
        Cruce la Avenida 15 de agosto. ¿Qué edificio ve en la esquina
        derecha? *el Palacio de Bellas Artes*

1. Ahora usted está en la puerta del *Palacio de Bellas Artes*. Doble a la

    izquierda y cruce la Avenida 15 de agosto. ¿Qué edificio ve usted en la

    esquina? *el correo Central*

2. Ahora usted está en la puerta del ___*Correo Central*___ .

   Cruce la calle Irala y siga derecho por la Avenida 15 de agosto hasta la calle José Martí. Doble a la izquierda y camine una cuadra. Cruce la Avenida de las Palmas. ¿Qué edificio ve usted a su derecha?

   ___el Tribunal___

3. Ahora usted está en la puerta del ___Tribunal___ .

   Cruce la Avenida de las Palmas y camine una cuadra por la calle José Martí. ¿Qué edificio está en la esquina izquierda? ___la librería___

4. Ahora usted está en la puerta de la ___librería___ .

   Doble a la izquierda y cruce la Avenida 15 de agosto. ¿Qué edificio está en la esquina? ___la iglesia___

5. Ahora usted está en la puerta de la ___iglesia___ .

   Cruce la calle José Martí y siga derecho por la Avenida 15 de agosto. Camine una cuadra y media. ¿Qué edificio ve usted a su izquierda?

   ___el cine___

6. Ahora usted está en la puerta del ___cine___ ,

   donde alguien le roba (*steals*) sus cheques de viajero. Doble a la derecha y siga hasta la esquina. Doble a la izquierda y camine media cuadra por la calle Solís. ¿Qué edificio está a su derecha? ___la policía___

7. Ahora usted está en la puerta de la ___policía___

   y quiere descansar. Doble a la derecha y camine hasta la esquina. Cruce la calle Solís y siga por la Avenida de las Palmas hasta la calle Irala. En la esquina opuesta usted va a descansar porque está nuevamente en el

   ___Hotel Continental___ .

7 Gustos y preferencias

EJERCICIO 1   FORMACIÓN DE FRASES.   *Make sentences in the present tense, following the models.*

MODELOS: a.   gustar / el café con leche   (a nosotros)
                 Nos gusta el café con leche.

              b.   ¿no / importar / llegar tarde?   (a ellos)
                 ¿No les importa llegar tarde?

1.   ¿faltar / cincuenta pesos?   (a ti)

     Te faltan

2.   No / interesar / viajar   (al señor Fleitas)

     de interesa

3.   ¿gustar / los frijoles refritos?   (a ellas)

     Les gustan

4.   no / importar / tus problemas   (a mí)

     No me importan

5.   faltar / ropa elegante   (a Susana)

     Le falta

6. no / gustar / bailar   (a ustedes)

    No les gusta

7. encantar / la comida griega   (a Pepe y a mí)

    Nos encanta

8. ¿interesar /las películas francesas?   (a ti)

    Te interesan

EJERCICIO 2   COMPLETE LAS FRASES.   Complete the sentences, following the models.

MODELOS: a. No quiero esta ensalada porque no *me gustan los tomates.*
                                                (gustar los tomates)

           b. Papá escucha la radio porque *le encanta la música.*
                                                (encantar la música)

1. Los estudiantes no faltan a clase porque _*les gusta*_.
                                                (gustar el profesor)

2. No puedo cocinar porque _*me faltan*_.
                            (faltar papas)

3. Te vas a acostar porque no _*te interesa*_, ¿verdad?
                                (interesar el programa)

4. María disfruta de la conversación porque _*les importan*_.
                                                (importar esos temas)

5. Ellos vienen esta noche porque _*les encantan*_.
                                    (encantar las fiestas)

6. Roberto piensa dejar ingeniería porque no _*le gustan*_.
                                                (gustar las matemáticas)

7. Quiero hablar contigo porque _*me interesa*_.
                                 (interesar tu opinión)

8. Nos acostamos temprano porque _*nos encanta*_.
                                  (encantar dormir)

EJERCICIO 3   ¿FRUTA, VERDURA O...?   *Match each of the items in Columns A and B with the appropriate classification in Column C.*

A		B		C	
1.	_b_ el frijol	7.	_c_ la sangría	a.	las frutas
2.	_d_ el pan	8.	_a_ el limón	b.	las verduras
3.	___ la papa	9.	_c_ el vino	c.	las bebidas
4.	_a_ la naranja	10.	_b_ la lechuga	d.	las comidas
5.	_a_ la banana	11.	___ la enchilada		
6.	_d_ el taco	12.	_c_ el agua		

EJERCICIO 4   ESTRUCTURAS EQUIVALENTES.   *Restate the sentences following the models.*

MODELOS: a.   No quiero nada.   _Nada quiero._

b.   ¿Tampoco vino?   _¿No vino tampoco?_

1.   ¿No hablas nunca de amor?   _Nunca_____

2.   A nadie soporto.   _No soporto a nadie_____

3.   No estamos ni bien ni mal.   _Ni bien ni mal estamos_____

4.   Tampoco son locos.   _No son locos tampoco_____

5.   No me gusta ninguna.   _Ninguna me gusta_____

EJERCICIO 5   PREGUNTAS Y RESPUESTAS.   *Answer the questions, following the models.*

MODELOS: a.   ¿Siempre vienes a estas horas?
No, _nunca vengo a estas horas._   p. 219

b.   ¿No quieren (ustedes) hacer nada?
Sí, _queremos hacer algo._

1.   ¿Alguien tiene hambre?

No, _nadie tiene hambre_____

2. ¿No cocinas nunca?

sí, _cocino siempre_

3. ¿Quieren ir con algún amigo?

No, _no queremos ir con ningún amigo_

4. ¿Alguna vez trató de hablar de esos problemas con alguien?

No, _nunca traté de hablar de esos problemas con nadie_

5. ¿No piensa llevar ni el paraguas ni el impermeable?

sí, _pienso llevar el paraguas o el_

EJERCICIO 6   FRASES AFIRMATIVAS Y NEGATIVAS.   *Change the following sentences to the affirmative.*

MODELO: Nunca dices nada intersante.
          Siempre dices algo interesante.

1. Ellos no llevaron corbata tampoco.

_____

2. Allí nunca va nadie después de las diez de la noche.

_____

3. Aparentemente ninguno de ustedes dijo nada.

_____

4. Ella jamás tiene celos de nadie.

_____

EJERCICIO 7   DOS CARAS DE UNA MISMA MONEDA.   *Rewrite the following paragraph, changing the negative words and constructions to affirmatives, and vice versa.*

En general no puedo concentrar mi atención en nada cuando estoy triste. Pero hoy me siento bien porque anoche hice algo interesante. Después de tomar un café, o voy a tratar de escribir la composición para español o voy a hacer alguna otra cosa constructiva. En fin, estoy inspirada y por eso tengo ganas de hacer algo especial.

74

_____

_____

_____

_____

_____

_____

_____

EJERCICIO 8   CAMBIE AL NEGATIVO.   Change the follo⸺ sentences to the negative.

MODELO: Hay alguien aquí que sabe disfrutar de la vida
         No hay nadie aquí que sepa disfrutar de la vida

1. Conozco a un profesor que habla japonés y portugués.

    _____

2. Hay niños que molestan todo el día.

    _____

3. Tiene amigos que quieren trabajar.

    _____

4. Vemos algo que queremos comer.

    _____

5. Estudian con alguien que está enamorado de Isabel.

    _____

EJERCICIO 9   DIÁLOGO DE MUCHACHOS...   *Complete the following dialogue between Jorge and Pablo with the correct forms of the verbs in parentheses.*

MODELO: JORGE: ¿Tienes novia, Pablo?
            PABLO: No, no hay nadie que me __quiera__ (querer).

JORGE: ¡Qué tontería!   (*What nonsense!*)   Conozco a alguien que _____ (estar) enamorada de ti.

PABLO: ¿Hablas de Marisa, la muchacha que _____ (tener) diez años más que yo?

JORGE: ¡Qué importa la edad!   Marisa es una persona que tiene muy buen gusto y que _____ (saber) disfrutar de la vida.   Además, ella _____ (poder) cocinar los platos más exóticos.   ¿Qué más quieres?

PABLO: Mi ideal de mujer es muy diferente.   Necesito una muchacha que _____ (ser) más humilde (*humble*).   Busco a alguien que _____ (pensar) y _____ (sentir) como yo.

JORGE: ¡No existe nadie que _____ (tener) tus ideas, amigo!   ¡Eres un romántico!

PABLO: ¡Y tú eres un caso único!   ¡Te gustan todas las muchachas!

JORGE: ¡Sí!   Estoy loco por las muchachas y especialmente por las que _____ (manejar) coches buenos.   En este momento _____ (salir) con una francesita que _____ (tener) un Renault que no _____ (estar) mal, pero espero encontrar una alemanita que me _____ (llevar) a pasear en un Mercedes.

PABLO: ¡Pues yo tengo una amiga que _____ (vivir) con una alemanita muy interesante!   ¿Quieres su número de teléfono?

JORGE: ¡Claro!   ¿Sabes si tiene un Mercedes?

EJERCICIO 10   CONTESTE NEGATIVAMENTE.   Answer the questions in the negative using the cues provided. Delete the personal <u>a</u> if it is not needed.

MODELO: ¿Quieres <u>el</u> vestido que cuesta <u>$200,00</u>?
           (menos)
           No, quiero un vestido que cueste menos.

1.   ¿Prefieren ustedes <u>la</u> ensalada que tiene <u>verduras y frutas</u>?
     (sólo verduras)

     _____

2.   ¿Necesita José <u>al</u> secretario que sabe <u>francés y alemán</u>?
     (italiano y español)

     _____

     _____

3.   ¿Busca usted <u>la</u> blusa que va con <u>esa falda</u>?
     (estos pantalones)

     _____

4.   ¿Prefieres tú <u>la</u> chaqueta que tiene <u>cuatro bolsillos</u> (*pockets*)?
     (dos bolsillos)

     _____

5.   ¿Desean ustedes ir <u>al</u> restaurante donde siempre hay <u>mucha gente</u>?
     (poca gente)

     _____

     _____

EJERCICIO 11   COMPLETE LAS RESPUESTAS.   Complete the sentences following the model.

MODELO: ¿Compras ese vestido para <u>llevar a la fiesta</u>?
           No, compro este vestido para que mi mamá lo   *lleve a la fiesta.*

1. ¿Llama usted en caso de <u>viajar</u>?

   No, llamo en caso de que tú _____.

2. ¿Vivimos para <u>ser felices</u>?

   No, vivimos para que nuestros parientes y amigos _____.

3. ¿Comes hamburguesas con tal de <u>no cocinar</u>?

   No, como hamburguesas con tal de que usted _____.

4. ¿Cuentan ustedes anécdotas tristes sin <u>llorar</u>?

   No, contamos anécdotas tristes sin que ustedes _____.

5. ¿Hace ella la comida antes de <u>tener hambre</u>?

   No, ella hace la comida antes de que nosotros _____.

EJERCICIO 12   COMBINE LAS FRASES.   *Combine the sentences, using the cues in parentheses.*

MODELO: No quiero dormir. Tú y yo tomamos una copa antes.
          (a menos que)
          No quiero dormir a menos que tú y yo tomemos una copa antes.

1. Alberto te prepara platos especiales. Tú estás loca por él.
   (para que)

   _____

   _____

2. Puede llevar mi auto. Usted tiene prisa por llegar temprano.
   (en caso de que)

   _____

   _____

3. Vas a ir a jugar con tu amiga, Susanita. Primero pruebas la sopa.
   (con tal de que)

   _____

   _____

4. Elena no piensa salir con Roberto. Yo voy con ellos.
   (a menos que)

   _____

   _____

5. Generalmente no vamos al cine. Papá y mamá vienen con nosotros.
   (sin que)

   _____

   _____

EJERCICIO 13   COMPLETE LAS FRASES.   Complete the sentences following the model.

MODELO: Comí cuando él llegó.
         Pienso comer *cuando él llegue.*

1. Desayunamos tan pronto como pudimos.

   Pensamos desayunar _____.

2. Papá estuvo contento cuando lo supo.

   Papá va a estar contento _____.

3. Me probé la falda después de que saliste.

   Me voy a probar la falda _____.

4. ¿Esperaste hasta que ella vino?

   ¿Piensas esperar _____?

5. Le dijimos la verdad en cuanto la vimos.

   Vamos a decirle la verdad _____.

EJERCICIO 14   TRADUCCIÓN.

1. She is not enjoying the conversation because she is hungry.

   _____

2. I tried on the shoes, but I didn't like them.

_____

3. We know someone who's always in a hurry.

_____

4. Mom and Dad said I was crazy when they saw me with my new hat.

_____

_____

5. I don't know anyone who's as jealous as he is.

_____

6. "I won't sleep until you call," she said. "Please try (*tú*) to call me as soon as you arrive."

_____

_____

EJERCICIO 15   IDEAS RELACIONADAS. Match the sentences on the left with the most appropriate word on the right.

1. _____ Voy a llorar.   a. la sed

2. _____ Estoy muy contenta.   b. el amor

3. _____ ¡Rápido! ¡No tengo tiempo!   c. la tristeza

4. _____ Vamos a tomar algo.   d. la felicidad

5. _____ Van a comer.   e. la prisa

6. _____ ¡Te quiero!   f. el hambre

EJERCICIO 16   FRASES Y MÁS FRASES...   Create six sentences from the following material. Each sentence should contain one element from each of the three columns. Conjugate the verbs given in infinitives when necessary.

MODELOS: a. *Usted comió después que ella llamó.*
          b. *Voy a estar en casa hasta que ellos duerman.*

Usted comió	aunque	tener hambre
Siempre llegamos	para que	ella llamar
Saliste	después que	ellos dormir
Voy a estar en casa	cuando	usted venir
Aquí está el dinero	antes que	José pagar la cuenta
Él no va a comer nada	hasta que	tú comprar los dulces

1. _____

2. _____

3. _____

4. _____

5. _____

6. _____

Nombre _____ Fecha _____ Clase _____

Dimensiones culturales

8

EJERCICIO 1   REFLEXIVOS.   Complete the sentences with the correct form of the verb in parentheses, following the model.

MODELO: Ellos __*se pusieron*__ (ponerse) nerviosos cuando te vieron.

1. ¿A qué hora _____ (acostarse) ustedes anoche?

2. Yo _____ (olvidarse) de llamarla la semana pasada.

3. Él siempre _____ (aburrirse) cuando está solo.

4. Todos _____ (callarse) tan pronto como ella entró.

5. ¿No _____ (acordarse) tú de mí? —¡Soy Mariana, tu primera esposa!...

6. Ayer Luis y yo _____ (encontrarse) con Tomás en el cine.

7. Nosotros _____ (quejarse) porque nos trataron muy mal.

8. Anoche ellos _____ (despedirse) antes de salir.

EJERCICIO 2   UN DÍA INOLVIDABLE.   Complete the story with the appropriate forms of the verbs in parentheses to find out why Pedro will never forget the day he married Isabel.

Yo _____ (levantarse) a las 7:30. Papá y mamá

_____ (despertarse) un poco después, pero los tres

_____ (desayunarse) juntos a eso de las 8:00. En cinco

minutos papá terminó su jugo de naranja, sus huevos fritos, su café y sus tres

tostadas. "Apúrate (*hurry up*) porque es tarde", le dijo a mamá, y (él)

_____ (levantarse) y _____ (ir) al baño

(*bathroom*). Mamá miró el reloj y cuando _____ (darse cuenta)

de la hora, corrió a su cuarto. Los dos _____ (vestirse) más

rápido que nunca, me _____ (decir) "Hasta prontito" y

_____ (ir) al trabajo..., ¿al trabajo?... "Pero si hoy es

sábado...", pensé. Me sorprendió verlos tan apurados (*in such a hurry*) y (yo)

_____ (preguntarse) qué pasaba... Tomé dos aspirinas porque

tenía un dolor de cabeza (*headache*) terrible. No eran las 10:00 cuando vi que

mis padres ¡y mis suegros (*parents-in-law*)! entraban en la casa...

—Supimos que anoche tú _____ (divertirse) mucho, me dijo

mi suegro.

—¿Qué?, ¿anoche?, ¿dónde?..., _____ (quejarse) yo.

—¡Anoche (tú) _____ (reunirse) con tus amigos para celebrar

tu último día de soltero!, dijo mamá.

—¡Qué!, ¿qué día es hoy?, pregunté.

—¡Domingo, Pedro! ¿O es que tú _____ (olvidarse) de que

hoy te casas con Isabel?, comentó mi suegra.

—Pensé que era sábado, dije y _____ (ponerse) rojo de

vergüenza. En ese momento llamó Isabel. "No _____ (dormir)

anoche pensando en nuestro día", le dije. Como era obvio que no decía la

verdad, todos me miraron y _____ (reírse). De repente (*suddenly*)

yo _____ (sentirse) horrible. Mis padres y mis suegros

_____ (darse cuenta) que yo estaba incómodo y

_____ (callarse). "No te preocupes, mi hijo", me dijo mamá.

Y agregó (*she added*): "A veces es lindo poder acordarse de alguna mentira (*lie*)

inocente." Tenía razón, siempre que recuerdo aquel día, _____

(reírse) sin darme cuenta...

*EJERCICIO 3   LA IMPORTANCIA DE UN PRONOMBRE...   Complete the sentences below
by adding the appropriate reflexive pronouns when needed. Follow the models.*

MODELOS: a. Nosotros __*nos*__ reunimos aquí todos los fines de seman~~a~~
          b. Ayer mi jefe _____ despidió a su secretario.

1. Estoy enfermo y por eso _____ quedé en casa hoy.

2. En general, ¿a qué hora _____ despiertan ustedes a los niños?

3. La semana pasada _____ encontré diez dólares en la calle.

4. La mayoría de mis primos _____ hicieron médicos o dentistas.

5. ¿Cuándo _____ llamó Rosa?

6. Se levantó y _____ vistió a su hija en menos de diez minutos.

7. Alguien _____ preguntó por usted esta mañana.

8. Estoy segura que tú _____ vas a poner rojo cuando ella te bese.

9. ¿Por qué _____ irían ellos sin despedirse?

10. Nosotros _____ enojamos con Carolina porque gritó mucho en tu fiesta.

*EJERCICIO 4   ÓRDENES VARIAS...   Change the infinitive phrases given below into
affirmative or negative Ud., Uds., tú or nosotros commands, as suggested by the
cues. Follow the models.*

MODELOS: a. no ponerse nervioso / Ud.   *No se ponga nervioso.*
          b. reunirse aquí / Uds.   *Reúnanse aquí.*
          c. no irse / tú   *No te vayas.*
          d. vestirse / nosotros   *Vistámonos.*

1. no preocuparse por eso / Ud.   _____.

2. acordarse de mí / Ud.   _____.

3. no despedirse todavía / Ud.   _____.

4. levantarse temprano / Uds.   _____.

5. no enojarse / Uds.   _____.

6. hacerse ricos pronto / Uds.   _____.

7. no quejarse de la comida / tú   _____.

8. callarse, por favor / tú   _____.

9. quedarse unos minutos más / tú   _____.

10. oponerse a esa idea / nosotros   _____.

11. no equivocarse / nosotros   _____.

12. no arrepentirse de esto / nosotros   _____.

EJERCICIO 5   ÓRDENES NEGATIVAS.   Make negative commands following the model.

MODELO: Generalmente nos acostamos temprano.   (ustedes)
          ¡No se acuesten temprano hoy!

1. Siempre nos reunimos en el parque. (nosotros)

    _____

2. Generalmente me visto de azul. (usted)

    _____

3. Siempre nos equivocamos. (ustedes)

    _____

4. Generalmente me quedo en casa. (usted)

    _____

5. Siempre me pongo los zapatos viejos. (tú)

    _____

*EJERCICIO 6   ¿POR QUÉ?   Ana and Juan, a very happy couple, and their friend
Luis, who is visiting from Spain, are discussing some friends of theirs, who are
now divorced. Complete the sentences, following the models, to find out why one
couple is happy and the other is separated.*

MODELOS: a. (respetarse) ANA: Ellos no __*se respetaban*__ y nosotros

　　　　　　　　　　　　　　　nos respetamos .

　　　　　　　b. (entenderse) LUIS: Ellos no _*se entendían*_ y vosotros

　　　　　　　　　　　　　　　os entendéis .

1. (quererse)　　　ANA:　Ellos no _____ y nosotros

　　　　　　　　　　　　_____, ¿no?

2. (besarse)　　　LUIS:　Ellos no _____ en público y vosotros

　　　　　　　　　　　　_____ en cualquier parte.

3. (hablarse)　　　ANA:　Ellos no _____ mucho y nosotros

　　　　　　　　　　　　_____ constantemente.

4. (conocerse)　　JUAN:　Ellos no _____ como nosotros

　　　　　　　　　　　　_____ .

5. (ayudarse)　　　LUIS:　Ellos no _____ y vosotros

　　　　　　　　　　　　_____ todo el tiempo.

6. (comprenderse)　ANA:　Ellos no _____ como nosotros

　　　　　　　　　　　　_____ .

7. (insultarse)　　JUAN:　Ellos _____ pero nosotros no

　　　　　　　　　　　　_____ nunca.

8. (necesitarse)　　LUIS:　Ellos no _____ pero vosotros

　　　　　　　　　　　　_____ el uno al otro.

EJERCICIO 7   RESPUESTAS IMPERSONALES.   Answer the following questions using the impersonal se.

MODELOS: a. ¿Creen que Manuel está en Caracas?
             Sí, se cree que Manuel está en Caracas.

           b. ¿No saben si eso es verdad?
             No, no se sabe si eso es verdad.

1.   ¿Hablan de los Estados Unidos en esos países?

     Sí, _____

2.   ¿No permiten comer carne allí?

     No, _____

3.   ¿Trabajan mucho en esta clase?

     Sí, _____

4.   ¿Comen bien aquí?

     Sí, _____

5.   ¿No pueden tomar whisky después de las 10 p.m.?

     No, _____

6.   ¿Dicen que el presidente está loco?

     Sí, _____

EJERCICIO 8   ¿UN PAÍS IDEAL...?   Tierradenadie is the name of a hypothetical little country just created by the writer of this workbook. Using the se *for passive structure, form sentences from the infinitive phrases given, and see whether* Tierradenadie *might be your ideal kind of place... You could even become its first president! (See #7 below). Follow the models.*

MODELOS: En <u>Tierradenadie</u>...   a.   hablar diez lenguas   *Se hablan diez lenguas.*
                                       b.   no comer carne   *No se come carne.*

 1.   producir muchos vegetales

      _____ .

2. necesitar estudiantes y profesores de español

_____.

3. no ver películas pornográficas

_____.

4. no tomar agua sino vino

_____.

5. oír música todo el día

_____.

6. no practicar ninguna religión

_____.

7. buscar presidente(a) joven y dinámico(a)

_____.

8. no leer *The New York Times*

_____.

9. encontrar las frutas más deliciosas

_____.

10. no pagar matrícula porque...¡la universidad es gratis!

_____

EJERCICIO 9   FRASES SINÓNIMAS.   Rewrite the sentences in two steps, following the models.

MODELOS: a. Nadie vio a José.   *No se vio a José.*
               No se lo vio.

           b. Nadie llamó a las muchachas. *No se llamó a las muchachas.*
               No se las llamó.

1. Nadie invitó a mi hermana. _____.

    _____.

2. Nadie ayudó a las gitanas. _____.

    _____.

3. Nadie saludó a los vecinos. _____.

    _____.

4. Nadie besó al niño. _____.

    _____.

5. Nadie oyó a los policías. _____.

    _____.

EJERCICIO 10   *¡QUÉ MALA SUERTE!*   *The Benítez family is having a day of accidents and bad luck. Tell what happened to them, using the* se *form to emphasize the* accidental *nature of the problems.*

MODELO: Mi hermano y yo rompimos la radio.
          Se nos rompió la radio.

1. Tú perdiste las llaves del auto.

    _____

2. Marisa rompió los platos.

    _____

3. Papá y mamá olvidaron el cumpleaños de abuela.

    _____

4. Terminamos el vino.

    _____

5. Jorge perdió la carta de su novia.

    _____

EJERCICIO 11   RECETA PARA PREPARAR "SANGRÍA".   Form sentences following the model; then follow the recipe for a delicious sangría *for ten to twelve people.*

MODELO: empezar / la preparación unas seis horas antes de la fiesta
         Se empieza la preparación unas seis horas antes de la fiesta.

1. lavar / todas las frutas (tres manzanas, dos naranjas, un limón)

   _____

   _____

2. cortar / las frutas en pedazos (*pieces*) pequeños

   _____

3. poner / las frutas cortadas en un recipiente (*container*) grande

   _____

4. agregar (*add*) / dos litros de vino tinto (*red*), dos litros de "Seven-Up" y un
    litro de jugo de naranja

   _____

   _____

5. revolver (*stir*) / todo con una cuchara (*spoon*) grande

   _____

6. poner / la bebida en el refrigerador unas seis horas

   _____

7. servir / esta sangría deliciosa a todos los presentes

   _____

EJERCICIO 12   CONCEPTOS RELACIONADOS.   Give one or more verbs that you associate with each of the following nouns.   (Consult the vocabulary of this chapter for assistance.)

MODELOS: a.   la ropa   *vestir, vestirse, ponerse, quitarse*
           b.   el amor   *amar, besar, abrazar*

1.   la diversión   _____

2.   el silencio   _____

3.   los zapatos   _____

4.   el error   _____

5.   la reunión   _____

6.   la duda   _____

7.   el encuentro   _____

8.   la silla   _____

9.   el viaje   _____

10. la preocupación _____

EJERCICIO 13   ¿VERDADERO O FALSO?   For each of the following statements, circle V (verdadero) if the statement is true and F (falso) if it is false.

MODELO: En el mundo hispano hay una gran variedad de razas y culturas.   ((V) ; F)

1.   La papa es una contribución árabe a la cultura hispánica.   (V ; F)

2.   Hoy día la gran mayoría de la población de Hispanoamérica es mestiza.   (V ; F)

3.   A los aztecas muchas veces se los llama los "griegos del nuevo mundo" debido a sus cualidades intelectuales y artísticas.   (V ; F)

4.   En 1492 muchos judíos y árabes fueron expulsados (*were driven out*) de España.   (V ; F)

5.   Durante la época colonial la mayoría de los inmigrantes que venían a América eran españoles y católicos.   (V ; F)

6. En América Central los españoles se encontraron con tres civilizaciones indígenas: la maya, la azteca y la inca. (V ; F)

7. Los incas sabían mucho de medicina. Incluso hacían operaciones delicadas. (V ; F)

EJERCICIO 14   CRUCIGRAMA.

Horizontales

2. sinónimo de "escoger"
6. forma reflexiva de "ir"
7. cereal de color amarillo, asociado con los mayas
8. sinónimo de "lugar"
9. alguien que comete un crimen (*crime*) es un _____
12. se la usa en la comida, como la pimienta
13. presente de "callar"
15. adjetivo posesivo, plural
18. preposición
19. plural de "tribunal" (*court*)
22. artículo definido singular
23. en inglés se dice *to fall*
26. Calígula no era griego; era _____
27. grupo humano con ciertos caracteres físicos y culturales propios
29. en inglés se dice *to worry*

Verticales

1. un indígena de los conocidos como "los griegos del Nuevo Mundo"
3. artículo definido, femenino plural
4. animal felino, enemigo del perro
5. plural de "río"
6. jefe supremo de la civilización que se desarrolló en el Perú antes de la conquista
10. hijo de padre blanco y madre negra o viceversa
11. mandato afirmativo de "decir"
14. en inglés se dice *to bore*
15. plural de "mesa"
16. verbo relacionado con el sustantivo "baile"
17. en inglés se dice *gypsy*
18. contracción "de + el"
20. _____ con pollo es una comida típica hispana
21. alguien que defiende a un acusado (*accused person*) es un _____
24. bebida, como el té
25. en inglés se dice *command*
28. café con leche, con _____ y mantequilla, es un desayuno hispano típico

EJERCICIO 15   TRADUCCIÓN.

1. I asked him what time it was; I wondered why he didn't answer.

    _____

    _____

2. At that moment I realized that they were going to bring about their plan.

    _____

    _____

3. Let's not complain; let's just keep quiet.

    _____

4. He likes spicy food; she likes tacos and enchiladas.

    _____

5. They worry too much.

   _____

6. They became very rich.

   _____

7. I became quiet; my wife became nervous.

   _____

8. They met in the restaurant, shook hands, and sat down to eat.

   _____

   _____

Salud
y medicina

EJERCICIO 1   COMPLETE LAS FRASES.   *Complete the sentences with the correct*
forms of the verbs in parentheses.   Use the imperfect subjunctive or indicative,
as appropriate.

MODELOS: a.   Era posible que _nevara_ (nevar).
    b.   Creía que tú _dormías_ (dormir).

1.   Insistí en que nosotros _____ (ir) al campo.

2.   Es una lástima que ustedes _____ (estar) con fiebre.

3.   El médico me aconsejó que (yo) _____ (dejar) de fumar lo antes
     posible.

4.   Era preferible que _____ (hacer) calor.

5.   Es verdad que Paco _____ (descansar) cuando llegamos.

6.   Pensábamos que usted y su esposa _____ (tener) frío.

7.   Era probable que _____ (haber) mucha niebla en ese lugar.

8.   No es posible que el curandero te _____ (decir) que estabas sana.
     ¿No te dio ningún tratamiento?

9.   ¿Dudaban que en Costa Rica _____ (llover) tanto en julio?

10. Era increíble que esas hierbas _____ (poder) curar tantas
     enfermedades.

EJERCICIO 2   ¡POR FAVOR, MAMÁ!   At camp, Alicia is telling her friend Luisa why her mother did not want her to go camping. Complete the sentences with the imperfect subjunctive or indicative of the verbs in parentheses to find out the arguments Alicia had to confront.

MODELOS: a. Mamá temía que __*hiciera*__ (hacer) mucho frío aquí.
           b. Sabía que __*había*__ (haber) muchachos en el grupo.

1. Dudaba que yo _____ (cuidarse).

2. Quería que mis hermanos _____ (venir) conmigo.

3. Esperaba que ustedes no me _____ (querer) traer con este catarro que tengo.

4. Tenía miedo de que yo _____ (quebrarse) una pierna o un brazo.

5. Pensaba que uno siempre _____ (lastimarse) en las montañas.

6. Creía que algo malo _____ (poder) pasarnos.

7. No le gustaba que tú y yo _____ (estar) aquí con muchachos que ella no conoce.

8. Insistió en que yo _____ (traer) todos mis medicamentos.

9. Ella estaba segura de que (yo) _____ (ir) a necesitarlos.

10. Finalmente me pidió que _____ (volver) lo antes posible.

EJERCICIO 3   DEL PRESENTE AL PASADO.   Change the following sentences to the past, following the models. Use the imperfect subjunctive or indicative, as appropriate.

MODELOS: a. Tengo un amigo que sabe tomar la presión.
             Tenía un amigo que sabía tomar la presión.

          b. No hay nadie aquí que sepa tomar la presión.
             No había nadie aquí que supiera tomar la presión.

1. Conocemos a alguien que tiene esos mismos síntomas.

_____

2. Hay gente que nunca va al médico.

_____

3. ¿Necesitas algo que te relaje?

    _____

4. Buscan al curandero que vive en aquella casa.

    _____

5. ¿Quieres un suéter en caso de que haga fresco?

    _____

6. No conozco a nadie que se cuide tanto como ella.

    _____

EJERCICIO 4   FRASES SINÓNIMAS.   Rewrite the sentences using the cues provided.

MODELOS: a. ¿Te llamó <u>para</u> ir al hospital con ella?
              ¿Te llamó para que *fueras al hospital con ella* ?

          b. Piensan salir <u>si no</u> tienen mucho sueño.
              Piensan salir a menos que *tengan mucho sueño* .

1. ¿Estás a dieta <u>pero no</u> lo saben tus padres?

    ¿Estás a dieta sin que _____?

2. ¿Estuviste a dieta <u>pero no</u> lo supieron tus padres?

    ¿Estuviste a dieta sin que _____?

3. Pienso acompañarlos <u>si</u> prometen no fumar.

    Pienso acompañarlos con tal de que _____.

4. Pensaba acompañarlos <u>si</u> prometían no fumar.

    Pensaba acompañarlos con tal de que _____.

5. ¿Van a ir al campo <u>si no</u> llueve?

    ¿Van a ir al campo a menos que _____?

6. ¿Iban a ir al campo <u>si no</u> llovía?

   ¿Iban a ir al campo a menos que _____ ?

EJERCICIO 5   CONSEJOS DE LA ABUELA.   Roberto and Marisa, now in college, come home for Thanksgiving. Their grandmother advises them on how to improve their health. To find out what she tells her grandchildren, form "if clauses" using the elements below, as she would. Follow the model.

MODELO: cuidarse en las comidas / no enfermarse nunca
          Si se cuidaran en las comidas, no se enfermarían nunca.

1. comer más vegetales y frutas / probablemente también vivir más

   _____

   _____

2. leer con buena luz / evitar los dolores de cabeza

   _____

3. no fumar / sentirse mejor

   _____

4. descansar más / poder aprender más rápidamente

   _____

5. no tomar tanto café / no tener la presión tan alta

   _____

6. no dormir tan poco / no estar cansados todo el tiempo

   _____

   _____

7. hacer yoga / aprender a relajarse

   _____

8. no poner tanta sal en las comidas / no tomar tantos líquidos

    _____

    _____

9. evitar las bebidas alcohólicas / bajar de peso

    _____

10. seguir mis consejos / ser sanos y felices

    _____

*EJERCICIO 6   COMPLETE LAS FRASES.   Complete the sentences with the correct
forms of the verbs in parentheses.*

MODELOS: a. Iré al dentista si _*tengo*_ (tener) tiempo.
          b. Mis primos hablan como si _*fueran*_ (ser) médicos.

1. Yo te acompañaría con gusto si (tú) _____ (querer) ir allí a dar
    sangre.

2. Si ustedes lo desearan, _____ (poder) mejorar el ambiente.

3. El paciente va a curarse pronto si _____ (seguir) el tratamiento
    que le dio la médica.

4. Si _____ (nevar), estoy seguro que Luisa iría a esquiar.

5. ¿Siempre toman té frío si _____ (tener) mucho calor?

6. Ellos cuidan a su hermana enferma como si _____ (ser)
    enfermeros.

7. Tomó dos litros de agua, ¡como si _____ (acabar) de cruzar el
    desierto del Sahara!

8. ¿Vivirían en esta ciudad si el aire no _____ (estar) tan
    contaminado?

EJERCICIO 7   ENTREVISTA CON UNA ESTUDIANTE DE INTERCAMBIO. Ana María is an exchange student from Uruguay; her friend Susie has a lot of questions to ask her about South America. Complete the interview with adverbs formed from the adjectives in parentheses.

MODELO: —¿Te gusta California?
        —¡Me encanta! Aquí __sinceramente__ (sincero) me siento muy feliz.

1.   —¿Qué haces durante tus vacaciones?

     — _____ (general) voy a la playa en el verano y a las montañas en el invierno.

2.   —¿Tienen vacaciones en el invierno?

     —Sí, pero son _____ (relativo) cortas: _____ (solo) dos o tres semanas en julio.

3.   —¿Frío en julio?

     —¡Claro! Cuando aquí hace frío, allí hace calor y viceversa. Es _____ (exacto) al revés que en este país.

4.   —¿Entiendes todo lo que decimos?

     —No siempre. ¡Ustedes hablan muy _____ (rápido)!

5.   —¡Ustedes también! ¿Quieres que te hable con más lentitud?

     —No, a ti te entiendo bien. Tú pronuncias todo _____, _____ y _____ (lento, preciso, cuidadoso).

6.   —¿No tienes problemas con tu hermana "yanqui"?

     —¡En absoluto! Nos entendemos _____ (perfecto).

7.   —¿Sabe español ella?

     —Sí, y lo habla _____ y _____ (claro, correcto).

8.   —¿Qué te parece la idea de comer a las cinco o seis de la tarde?

     _____ (sincero) esa costumbre es un poco extraña para mí. _____ (personal) prefiero comer a mediodía y tomar el té a la hora que ustedes comen.

9. —¿Es común tomar el té en tu país?

—Sí, _____ (práctico) se necesita tomar o comer algo a la
   hora del té porque se cena muy tarde, entre las ocho y las diez de la noche.

10. —¡Pues son _____ (justo) las cinco! ¿Tomamos un té
    juntas?

    —¡De acuerdo y _____ (gustoso), Susie!

*EJERCICIO 8   COMPLETE LOS PÁRRAFOS.. Complete the paragraphs with the correct
forms of the words in parentheses.*

MODELO: (mucho)   Te aconsejo que lleves __mucha__ ropa de invierno porque en
                   este momento allí hace __mucho__ frío. Sabes que __muchas__
                   veces se cierran las escuelas porque nieva __mucho__.

1. (bastante)   No se preocupen por nosotros. Tenemos _____ _____

   dinero para el viaje y llevamos _____ cosas para

   regalar a los amigos. Pensamos descansar _____,

   sacar _____ fotos y también dormir

   _____.

2. (demasiado) El verano pasado Catalina no fue al campo conmigo. Los muchachos

   tenían _____ problemas y dependían

   _____ de ella. Como este año ella no tiene

   _____ responsabilidades, va a ir a las montañas

   primero y a visitar a sus padres en el campo después. Necesita

   un buen descanso. Trabajó _____ y realmente está

   _____ cansada.

3. (poco)   Allí el problema de desnutrición es grave. Hay

_____ servicios de salud pública,

_____ ayuda económica y _____

trabajo. En general los niños de familias pobres comen

_____ carne y toman _____

leche. Es lógico entonces que también vivan

_____ .

EJERCICIO 9   ESTRUCTURAS EQUIVALENTES.   *Rewrite the sentences with* al +
infinitive or a + *infinitive, as appropriate, following the models.*

MODELOS: a. Cuando salí, él entró.
              Al salir, él entró.

          b. ¡Estudia, hija mía!
              ¡A estudiar, hija mía!

1. En cuanto llegó, preguntó por el curandero.

    _____

2. Piensa viajar tan pronto como acaben las clases.

    _____

3. Soñé que alguien me decía: "¡Tome sus remedios, don José!"

    _____

    _____

4. Se fue cuando empezó a llover.

    _____

5. ¡Descansemos en la playa!

    _____

6. Luego que bajé del tren me di cuenta de la hora.

    _____

Nombre_____Fecha_____Clase_____

EJERCICIO 10 COMBINE LAS FRASES. *Make sentences using infinitives and the prepositions in parentheses, following the model.*

MODELO: Los estudiantes fueron a clase. No estudiaron nada. (sin)
         Los estudiantes fueron a clase sin estudiar nada.

1. La señora viajó a ese lugar. Vio a sus amigos. (para)

_____

2. Graciela no fue a trabajar hoy. No se sentía bien. (por)

_____

3. ¿Nadaste ayer? ¿Te cansaste? (hasta)

_____

4. Plantaron tomates y papas. Vendieron la casa de campo. (antes de)

_____

_____

5. Estoy muy contento. Sé que te divertiste en la playa. (de)

_____

_____

EJERCICIO 11 MÁS FRASES SINÓNIMAS. *Rewrite the following sentences using the infinitive construction, following the model.*

MODELO: Permitieron que ellos volvieran después de medianoche.
         Les permitieron volver después de medianoche.

1. ¿Prohíbes que yo consulte con mi médico?

_____

2. Mandaron que tomáramos varios medicamentos.

_____

3. No permito que ustedes salgan sin mi autorización.

   _____

4. ¿Mandan que nosotros hagamos eso?

   _____

5. Prohibimos que nuestra hija fuera a un acupunturista.

   _____

EJERCICIO 12   EXPRESIONES CON "ACABAR".   Substitute the verb acabar *or an expression with* acabar (acabar bien, mal, acabar de + *infinitive) for the underlined words or phrases.*

MODELOS: a.   ¿A qué hora van a terminar eso?
                 ¿A qué hora van a acabar eso?

          b.   Nuestro viaje tuvo un final maravilloso.
                 Nuestro viaje acabó bien.

1. ¡Hace un minuto que llegamos aquí!

   _____

2. La película tuvo un final feliz.

   _____

3. Hace mucho frío y no trajimos chaquetas. Creo que nuestras vacaciones van a tener un mal final.

   _____

   _____

4. ¿Es verdad que hace muy poco te curaste de una gripe terrible?

   _____

5. Tiene que ir a la farmacia porque se le terminaron las aspirinas.

   _____

   _____

6. ¿Hace sólo unos minutos que llamaron ustedes a la enfermera?

_____

_____

EJERCICIO 13 ¿*CUÁL ES EL COMENTARIO MÁS APROPIADO?* *For each of the drawings below, circle the letter of the most appropriate comment, following the model.*

MODELO:

   a. ¡Qué frío!
   (b.) ¡Qué viento!
   c. ¡Qué calor!

1. a. Suba usted primero.
    b. Baje usted primero.
    c. Salga usted primero.

2. a. Contigo nunca tengo frío.
    b. No me gusta estar contigo.
    c. Anoche hablé con tío.

3. a. ¿Tengo fiebre, doctora?
   b. ¿Qué tal mi peso, doctora?
   c. ¿Qué tal mi presión, doctora?

4. a. Gracias por acabar temprano.
   b. ¡Qué desgracia! ¡No vaya allí!
   c. Gracias, acabo de comer.

5. a. ¡Eso parece sal!
   b. ¡Eso parece sangre!
   c. ¡Eso parece azúcar!

EJERCICIO 14   ¿CUÁL ES LA PALABRA QUE ESTÁ FUERA DE LUGAR?   Circle the word
that does not belong.

MODELO: agua   sangre   (dolor)   vino

1. calor   droga   viento   fresco
2. boca   nariz   ojo   pie
3. pierna   pastilla   pelo   piel
4. acabar   padecer   sufrir   doler
5. doctor   enfermo   médico   enfermero
6. evitar   aumentar   subir   alargar
7. catarro   gripe   resfriado   dieta
8. medicina   remedio   sencillo   medicamento

EJERCICIO 15 ANTÓNIMOS. Complete the sentences with the antonyms, or opposites, of the underlined words.

MODELO: En invierno me canso más y ___*descanso*___ menos.

1. Tienen una casa en la ciudad y otra en el _____.

2. ¿Te diviertes más en el invierno o en el _____?

3. Ahora tengo calor pero hace un rato tenía _____.

4. ¿Le prohíbe usted tomar alcohol pero le _____fumar?

5. Ellos tienen mucha hambre pero _____ sed.

6. El fácil bajar pero es difícil _____.

EJERCICIO 16 TRADUCCIÓN.

1. It has just rained.

   _____

2. She was afraid her son would hurt himself.

   _____

3. In the fall, it was foggy and cool here.

   _____

4. We learned that you (*pl.*) will go to the country in July.

   _____

5. He won't get better unless he takes those medicines.

   _____

6. Upon seeing the beach, we got out of the car to walk.

   _____

EJERCICIO 17   CRUCIGRAMA.

Horizontales

1. opuesto a "siempre"
4. número que sigue al "once"
8. presente de "dar"
10. infinitivo de "hay sol"
14. futuro de "ir"
15. se necesita para dar gusto a la comida, como la pimienta
16. en inglés se dice *hostage*
19. en inglés se dice *break it*
21. sustantivo relacionado con "joyería"
23. "subir de ___" o "bajar de ___"
25. nombre de mujer, fem. de "Ramón"
27. prefijo que significa "con"
28. opuesto a "enfermas"
29. nombre de la letra "L"
30. presente de "caer"
33. pretérito de "intervenir"
35. líquido rojo que circula por todo el cuerpo
37. futuro de "leer"
38. sinónimo de "yerbas"

Verticales

2. en inglés se dice *grapes*
3. en el ____ están las estrellas
5. subjuntivo de "odiar"
6. en inglés se dice *meat*
7. opuesto a "soltero"
9. subjuntivo de "empezar"
11. en inglés se dice *boat* o *ship*
12. parte del cuerpo; sirve para oír (*pl.*)
13. sinónimo de "tonto", "simple"
17. forma impersonal de "haber"
18. en inglés se dice *throat*
20. adjetivo o pronombre posesivo (*fem.*)
22. futuro de "amar"
24. mujer no casada
26. durante el invierno hay ___ en Michigan o Wisconsin, por ejemplo
30. singular de "celos"
31. subjuntivo de "arar"
32. artículo indefinido (*pl.*)
34. verbo de movimiento, infinitivo de "fue"

De pobres y ricos

10

EJERCICIO 1 CONTRASTES VISIBLES. Pablo and Beatriz have just returned from a tour of Latin America, where they were struck with the tremendous contrasts of wealth and poverty. For a list of some of these contrasts, complete their descriptions using past participles, following the model.

MODELO: dos niños _muertos_ (morir) de hambre
         y una niña obviamente bien _alimentada_ (alimentar)

1. un hombre _____ (distinguir)

    y otro muy mal _____ (vestir)

2. unos niños con zapatos recién (*just*) _____ (comprar)

    y otros con zapatos _____ (romper)

3. una mujer _____ (dormir) en un banco de un parque

    y otra _____ (sentar) en un Mercedes de lujo

4. algunas calles lindas y bien _____ (cuidar)

    y otras feas y _____ (descuidar)

5. una tienda de artículos _____ (importar)

    y otra de artículos _____ (robar)

6. un obrero _____ (explotar)

    y otro muy bien _____ (pagar)

7. algunos países relativamente _____ (desarrollar)

y otros muy _____ (subdesarrollar)

EJERCICIO 2   *DESCRIPCIONES BREVES.   Make sentences based on the drawings, using past participles of the verbs listed.*

cerrar   doblar   abrir   enojar

vender   dormir   sentar   reducir

MODELO:

1. El bebé *está dormido* _____.

2. Las puertas _____.

3. Los precios _____.

4. La tienda no _____.

5. Los papeles _____.

112

6. El profesor _____.   7. El secretario _____.

8. Las casas no _____.

EJERCICIO 3   ¿QUÉ HA PASADO?...   Ramón has returned to his home town after a ten-year absence and runs into an old friend, who tells him what has happened during those years. Complete his account with the present perfect of the verbs in parentheses.

MODELOS: a. Yo ___*me he casado*___ (casarse) con Alicia, ¿la recuerdas?

          b. Los Pérez ___*han comprado*___ (comprar) una hermosa casa en la capital.

1. Mis padres _____ (ahorrar) unos pesos y piensan

   gastárselos en Italia.

2. ¿Recuerdas al cura González? _____ (morirse) de viejo

   hace poco.

3. Alicia _____ (obtener) su título de ingeniero industrial.

4. El año pasado nosotros _____ (hacer) una buena inversión.

5. Juan, Paco, Alicia y yo _____ (abrir) una fábrica de computadoras.

6. En menos de diez meses nuestra producción _____ (doblar).

7. Como puedes ver, los negocios nos _____ (ir) muy bien.

8. En cambio, los dueños de la tienda "Los dos amigos" _____ (tener) que venderla para pagar todas sus deudas.

9. Mi familia también _____ (aumentar) últimamente. Este julio pasado nació mi primer hijo.

10. Y ahora te pregunto yo, ¿dónde _____ (estar) tú todos estos años?

EJERCICIO 4   CONTESTE AFIRMATIVAMENTE.   Answer the questions in the affirmative, using the present perfect, following the model.   Use object pronouns when possible.

MODELO: ¿Ya encontraste tu tarjeta de crédito?
          Sí, ya la he encontrado.

1. ¿Ya gastaron ustedes ese dinero?

    _____

2. ¿Ya llegaron los comerciantes?

    _____

3. ¿Ya vieron ustedes a la empleada?

    _____

4. ¿Ya fuiste a la tienda de videos?

    _____

5. ¿Ya pagamos el alquiler?

    _____

6. ¿Ya redujeron el precio de esos muebles?

    _____

EJERCICIO 5   COMPLETE LAS FRASES.   Complete the sentences with the past perfects of the underlined verbs.

MODELO: Luis <u>escribió</u> el poema anoche pero antes __*había escrito*__ la composición.

1. En esa época ya <u>éramos</u> ricos pero antes _____ pobres.

2. Ese matemático <u>enseñó</u> en Berkeley pero _____ en Harvard antes.

3. El mes pasado esa compañía <u>empleó</u> a tres mujeres pero hasta entonces sólo _____ a hombres.

4. Ayer <u>gastamos</u> mucho pero el jueves pasado _____ más.

5. Los dos <u>trabajaron</u> aquí pero antes _____ en una oficina.

6. Este año <u>vendí</u> poco pero el año pasado _____ menos.

7. Hoy no <u>rompiste</u> nada pero ayer _____ algo, ¿no?

8. Hace unos minutos <u>hice</u> un buen negocio pero el otro día _____ _____ uno mucho mejor.

EJERCICIO 6   PREDICCIONES PARA EL AÑO 2000.   Don Predícelotodo is making predictions about what the world will be like in the year 2000. To see what he foretells, complete the sentences with the future perfect of the verbs in parentheses.

MODELO: La ciencia médica __*habrá descubierto*__ (descubrir) cómo curar el cáncer.

1. La energía solar _____ (sustituir) al petróleo como fuente principal de energía.

2. La compañía TREF _____ (inventar) un robot económico que pueda preparar platos hispanos típicos.

3. América del Sur _____ (convertirse) en los Estados Unidos

   de América del Sur.

4. Los países del tercer mundo _____ (experimentar—*to*

   experience) un gran desarrollo económico.

5. La miseria y el analfabetismo _____ (desaparecer) del

   planeta.

6. El primer bebé de probeta (*test tube baby*) _____

   (escribir) el libro más vendido del año: su autobiografía.

7. La primera expedición ruso-americana a Marte _____

   (volver) a la tierra después de un viaje exploratorio exitoso (*successful*).

8. Finalmente, yo y otros grandes síquicos _____ (morir)

   de viejos y cansados.

*EJERCICIO 7   PREGUNTAS Y RESPUESTAS.   Complete the sentences with the conditional
perfect of the verbs in parentheses.*

MODELO: ¿Estaban ellas en el mercado?
          Lo dudo. Nosotros las _*habríamos visto*_ (ver).

1. ¿Ya obtuviste un puesto en la fábrica?

   No todavía. Tú ya lo _____ (saber).

2. ¿Ganaron mucho dinero los Gómez?

   Lo dudo. Ellos _____ (pagar) su deuda.

3. ¿Le pagaron a Pablo 800,00 dólares por sus muebles?

   Pienso que sí. Él no los _____ (vender) por menos.

4. ¿Pasaron mucho tiempo en Europa?

   No fuimos. Nosotros _____ (gastar) demasiado.

5. ¿Volviste con tu ex-esposa?

   ¡Por supuesto que no! ¿_____ (volver) tú?

6. ¿Te pareció cara esa casa?

   ¡Carísima, pero muy linda! Por 30.000,00 dólares menos, yo la

   _____ (comprar).

7. ¿Pagó ese precio Susana?

   Probablemente no. Ella _____ (regatear).

EJERCICIO 8 INDICATIVO Y SUBJUNTIVO. Complete the sentences following the models.

MODELOS: a. Lo ha vendido y es una lástima que *lo haya vendido* .
          b. Aún no han vuelto pero ¿es posible que *aún no hayan vuelto* ?

1. Ella lo ha dicho pero ellos dudan que _____.

2. Yo he escrito pero nadie cree que _____.

3. ¿Le has pagado y él niega que _____?

4. Han ahorrado mucho y es bueno que _____.

5. ¿Él ha muerto y usted se alegra de que _____?

6. ¿Las has mantenido y ellas niegan que _____?

7. Se han ido solos y realmente sentimos que _____.

8. Hemos perdido ¿y tú te alegras de que _____?

EJERCICIO 9 COMENTARIOS EN EL SUBJUNTIVO. Complete the responses to each statement using the past perfect subjunctive, following the model.

MODELO: Había mejorado el nivel de vida.
         El empleado negó que *hubiera mejorado el nivel de vida* .

1. Habíamos hecho un buen negocio.

   ¿Dudaba usted que nosotros _____?

2. Yo había conservado electricidad.

   Ustedes no creyeron que _____.

3. El jefe no los había visto.

   Esperábamos que _____.

4. Había doblado la población.

   El científico no creía que _____.

5. Tú habías ahorrado 10.000,00 dólares en un año.

   Me sorprendió que _____.

6. Ellos habían vivido en esa villa miseria.

   ¿Era posible que antes _____?

7. La explosión demográfica había acelerado el desarrollo económico.

   Usted negó que _____

   _____.

8. Alfredo había regateado en ese mercado.

   Era muy dudoso que _____.

EJERCICIO 10   COMPLETE LAS FRASES.   Complete each sentence with a compound form of the subjunctive (present or past perfect), following the models.

MODELOS: a.   ¿Duda usted que la fábrica _haya doblado_ (doblar) su producción?
           b.   No creían que los dueños _hubieran vendido_ (vender) su negocio por tan poco.

1. Temo que el dueño ya _____ (aumentar) el alquiler.

2. Era imposible que el comerciante _____ (hacer) eso.

3. Dudaba que mis padres lo _____ (comprar).

4. Nos sorprendió que tú _____ (casarse) con él.

5. Usted se alegra de que nosotros ya _____ (volver), ¿no?

6. No creemos que ustedes _____ (romper) ese mueble.

7. Alicia sintió mucho que yo no _____ (divertirse).

8. ¿No es increíble que allí se _____ (eliminar) el

analfabetismo?

EJERCICIO 11   ¿HAY, HABÍA O HABRÁ?...   Rewrite the sentences to use a form of
haber, following the models.

MODELOS: a. La tienda está abierta.
              Hay una tienda abierta.

          b. Los obreros estarán allí mañana.
              Habrá obreros allí mañana.

1. Muchos negocios están cerrados.

   _____

2. Los empleados estarán en la oficina antes de las siete.

   _____

3. Los tomates están muy caros aquí hoy.

   _____

4. La fábrica de computadoras está cerca de la universidad.

   _____

5. Algunos científicos famosos estarán en la reunión del martes.

   _____

   _____

EJERCICIO 12   COMPLETE LAS FRASES.   Complete the sentences with hay, hay que,
or a form of haber de, using the present indicative.

MODELOS: a. Yo ___he de___ ir a la oficina temprano hoy.
          b. ___Hay que___ trabajar para ganar dinero.
          c. En esa fábrica ___hay___ muchos empleados.

1. Ellos _____ llamarme antes de irse.

2. ¿_____ cosas baratas en esa tienda?

3. Para acelerar el desarrollo económico _____ eliminar el desempleo.

4. ¿Sabes que en esta compañía no _____ mujeres?

5. El dueño dice que _____ doblar la producción anual.

6. ¿Por qué _____ hacerlo tú y no cualquier otra persona?

7. Para fin de año nosotros _____ pagar toda nuestra deuda.

8. Sólo _____ dos médicos en ese pueblo.

EJERCICIO 13   VOZ ACTIVA Y VOZ PASIVA.   Tell who was the cause of the following facts or situations, following the models.

MODELOS: a. La deuda está pagada. (el jefe)
                  Fue pagada por el jefe.

            b. Esas cartas están abiertas. (la secretaria)
                  Fueron abiertas por la secretaria.

1. El puesto está tomado. (un joven ingeniero)

_____

2. Los precios están reducidos. (los dueños)

_____

3. Teresa y su amiga están empleadas. (la universidad "St. Anselm")

_____

4. La casa está vendida. (José Luis)

_____

5. Rogelio y Alicia están casados. (un cura católico)

_____

6. Mi bicicleta está rota. (Susanita)

_____

7. La riqueza de los Martínez está dividida. (uno de sus antepasados)

_____

EJERCICIO 14   MÁS FRASES EN VOZ PASIVA...   Change the sentences from the se for passive to the true passive voice, using the same tense as the sentence given.

MODELOS: a. Se eliminará el analfabetismo.
              El analfabetismo será eliminado.

          b. ¿Qué productos se exportaban a Francia?
              ¿Que productos eran exportados a Francia?

1. Se cultivan sólo las tierras más fértiles.

_____

2. Se vendió ese auto ayer.

_____

3. Se abrirán dos nuevas escuelas cerca de mi oficina.

_____

4. ¿Dónde se hizo el poncho de Mirta?

_____

5. Se escribirán los ejercicios en clase.

_____

6. ¿Cómo se gastaba el dinero de esa fábrica de automóviles?

_____

EJERCICIO 15   ANTÓNIMOS.   For each numbered word, write the letter of its opposite in the space provided.

1. ____ pagar   7. ____ contento   a. descontento   g. salir

2. ____ subir   8. ____ aumentar   b. exportación   h. comprar

3. ____ ganar   9. ____ caro   c. gastar   i. riqueza

4. ____ pobreza   10. ____ vender   d. deber   j. bajar

5. ____ empleado   11. ____ entrar   e. perder   k. jefe

6. ____ ahorrar   12. ____ importación   f. barato   l. reducir

EJERCICIO 16   PALABRAS RELACIONADAS.   Give one or two nouns related to each of the following verbs.

MODELOS: a. deber   *la deuda, el deber*

           b. gastar *el gasto*

1. explotar _____   5. emplear _____

2. invertir _____   6. acompañar _____

3. desarrollar _____   7. fabricar _____

4. negociar _____   8. vivir _____

EJERCICIO 17   TRADUCCIÓN.

1. Would you (*tú*) have spent so much money or would you have saved it?

    _____

    _____

2. I prefer not to bargain when the prices are already low.

    _____

    _____

3. Her expenses have increased, but her standard of living has not changed.

    _____   _____

    _____

4. We lent them the money they needed.

    _____

5. The house I wanted was sold by the owner last week.

    _____   _____

    _____

6. How many people will there be in the world in the year 2100?

    _____

    _____

Nombre_____ Fecha_____ Clase_____

Diversas caras del humor

11

EJERCICIO 1   ¿POR QUÉ SE INVENTARON LOS ADULTOS?   To find out why Eduardito is frustrated enough to ask this question, complete his remarks with the correct subjunctive forms of the verbs in parentheses.

MODELOS: a. Ayer mamá me prohibió que _*mirara*_ (mirar) televisión.
          b. Los adultos esperan que los niños los _*obedezcan*_ (obedecer) siempre.
          c. Papá no cree que Susanita _*se haya vestido*_ (vestirse) sola ayer.

1. ¿No sería divertido que Luisito y yo _____ (iniciar)

    un movimiento de liberación infantil?

2. Mis padres quieren que yo _____ (lavarse) los dientes

    ¡tres veces por día!

3. Después de terminar el examen, la maestra (*teacher*) nos dijo hoy: "Chicos,

    espero que ustedes _____ (usar) la cabeza y que la

    mayoría _____ (responder) todas las preguntas."

4. ¿No es injusto que mis hermanos mayores me _____ (tomar)

    el pelo todo el tiempo?

5. A los adultos no les gustaría que otra persona les _____

    (decir) qué comer, cómo vestirse y cuándo dormir, ¿no?

6. No me hace gracia que en el pasado no se _____ (escribir)

leyes para proteger los derechos humanos de los niños.

7. ¿Habrá algún adulto que _____ (querer) y

_____ (poder) ayudarnos?

8. Realmente es una lástima que _____ (haber) tantos

adultos en el mundo.

EJERCICIO 2   SECUENCIA DE TIEMPOS.   Following the rules on sequence of tenses with the subjunctive, answer the questions using the cues provided.

MODELOS: a.   ¿Qué desea usted?   (ustedes / venir a clase)
                  Yo deseo que ustedes vengan a clase.

              b.   ¿Qué es probable?   (el lavadero / haber estado cerrado ayer)
                  Es probable que el lavadero haya estado cerrado ayer.

              c.   ¿Qué temían ellos?   (el chiste / no tener gracia)
                  Ellos temían que el chiste no tuviera gracia.

1.   ¿Qué era difícil?   (el profesor / burlarse de sus estudiantes)

   _____

   _____

2.   ¿Qué teme usted?   (eso / no tener ni pies ni cabeza)

   _____

3.   ¿Qué prohibe la ley?   (una persona / casarse con su hermano o hermana)

   _____

   _____

4.   ¿Qué mandó papá?   (nosotros / no contar chistes verdes en presencia de los niños)

   _____

   _____

5. Qué es posible? (los obreros / ya haber pintado todas las habitaciones)

_____

_____

6. ¿Qué es bueno? (yo / poder tomarle el pelo a Paco sin que él se enoje)

_____

_____

7. ¿Qué pedían ellos? (usted / salir del país lo antes posible)

_____

_____

8. ¿Qué espera Carlos? (sus hijos / votar por el candidato republicano)

_____

_____

EJERCICIO 3   FRASES HIPOTÉTICAS.   Combine the sentences following the models.

MODELOS: a. No hace calor. No quieren ir a la playa.
              Si hiciera calor, querrían ir a la playa.

          b. Tenía dolor de espalda. Fui al médico.
              Si no hubiera tenido dolor de espalda, no habría ido al médico.

1. No le duele la cabeza. No toma una aspirina.

_____

2. Estaban cansados. Deseaban descansar.

_____

_____

3. Sofía y Rubén no abrieron la boca. Ellos no metieron la pata.

_____

_____

4. El ascensor (*elevator*) está roto. Tienes que usar la escalera.

_____

_____

5. A Anita le faltan los dientes. Parece una viejita.

_____

_____

6. No hacía frío. No pudimos esquiar en la montaña.

_____

_____

EJERCICIO 4   DEDUCCIONES INFANTILES.   A group of children are hypothesizing about their world; complete their statements with the correct forms of the verbs in parentheses.

MODELOS: a.   Si nosotros no __*tuviéramos*__ (tener) boca, no podríamos tomar
helados (*ice cream*).

b.   ¿ __*Habría visto*__ (ver) mejor abuelito si sus ojos hubieran sido
más grandes?

1. Si tú _____ (decir) una mentira, te crecería la nariz como

a Pinocho.

2. Si no _____ (existir) los adultos, todos los problemas

serían pequeños, ¿no?

3. ¿Se habría inventado la televisión si no se _____ (descubrir)

la electricidad?

4. Si papá y mamá no se hubieran conocido, Jorge y yo no _____

(nacer), ¿verdad?

5. ¿Podríamos volar si nosotros _____ (tener) alas (*wings*) en

vez de brazos?

6. Si yo fuera pobre, _____ (comprar) dinero en la tienda.

EJERCICIO 5   USE SU IMAGINACIÓN.   Complete the sentences in an original manner.

MODELOS: a. Raúl duda que *esa broma le haga gracia al profesor* .

b. ¿Pensaban que *José podría burlarse de ustedes* ?

c. Usted se habría divertido mucho si *hubiera venido a mi fiesta* .

1. ¿Querría usted que _____?

2. Si hubieras llegado temprano, _____.

3. El doctor ha prohibido que _____.

4. ¿Comprarán más muebles si _____?

5. Pídale a su padre que _____.

6. Esperábamos que _____.

7. ¿Teme usted que _____?

8. Ella nos tomaría el pelo si _____.

EJERCICIO 6   CAMBIE EL ORDEN. Rewrite the sentences changing the order of the
words underlined, following the models.

MODELOS: a. Me parece que él actuó de manera <u>inmadura y estúpida</u>.
            Me parece que él actuó de manera estúpida e inmadura.

b. ¿Tienes <u>diez u once</u> pesos?
            ¿Tienes once o diez pesos?

1. Aquí están <u>Inés y José</u>.

_____

2. ¿Habló usted de horas o minutos?

_____

3. Pensamos ir y comer allí lo antes posible.

_____

4. ¿Piensas que es mejor perdonar u olvidar?

_____

5. Es una reunión para padres e hijos.

_____

6. ¿Es hombre o mujer?

_____

7. ¿Quién llamó? ¿Oscar o Pedro?

_____

8. Conocí a un muchacho interesante e inteligente.

_____

EJERCICIO 7   ¿PERO, SINO O SINO QUE?   Complete the sentences with the correct conjunction.

MODELOS: a. No dije que voy a Panamá *sino que* vengo de allí.

            b. José la llamó *pero* usted ya había salido.

1. Aquélla no es Teresa _____ Luisa.

2. Me gustaría ayudarte _____ estoy muy cansado.

3. Marta es muy ocurrente _____ acaba de decir algo que no tiene pies ni cabeza.

4. Ustedes no se aburrieron _____ se divirtieron mucho, ¿no?

5. ¿Es verdad que a usted no le duele la cabeza _____ todo el cuerpo?

6. No hablamos francés _____ podemos hablar español e italiano.

7. Ellos no están en la sala _____ en la cocina.

8. Tengo auto _____ prefiero andar a pie.

EJERCICIO 8   ¿POR O PARA?   Rewrite the sentences substituting por or para for the underlined words.

MODELOS: a.   Lo llamó <u>con el propósito de</u> contarle algo curioso.
              Lo llamó para contarle algo curioso.

           b.   Entraron <u>a través de</u> la ventana del baño.
              Entraron por la ventana del baño.

1. ¿Vienes <u>hacia</u> aquí?

_____

2. Vendieron el sofá <u>a cambio de</u> mucho dinero.

_____

3. <u>A pesar de ser</u> inglesa, Susie habla muy bien el español.

_____

4. Generalmente estudiamos <u>durante</u> la noche.

_____

5. ¿Piensa ir allí <u>en</u> tren?

_____

6. Ella fue al mercado <u>a comprar</u> leche, huevos y pan.

_____

7. ¿Trabajan ustedes <u>en</u> esa compañía?

_____

8. ¡Tengo que terminar la composición <u>antes de</u> las cinco!

_____

9. Tú vienes en busca de Alicia, ¿no?

   _____

10. Hoy trabajé en vez de mi hermana.

   _____

11. Viajamos a lo largo de América Central con destino a Bogotá.

   _____

12. Compré el azúcar a diez pesos el kilo.

   _____

EJERCICIO 9   EL HUEVO Y YO.   *Complete the paragraph with* por *or* para, *as appropriate.*

    Ayer _____ la mañana salí _____ el mercado _____ comprar huevos. Pagué dos dólares _____ docena. ¡Qué caros! ¡Qué ladrones (*thieves*), Dios mío! Pero los compré porque quería comerlos _____ el desayuno. No había comido huevos _____ mucho tiempo y _____ eso decidí cocinarlos _____ mí sola. Hice una tortilla (*omelet*) con _____ lo menos doce huevos. ¡Estuvo deliciosa! _____ el almuerzo, quería comer huevos fritos, pero me llamaron _____ teléfono y entonces ¡se me quemaron todos! ¡Qué lástima! _____ la tarde, repetí el experimento y _____ suerte esta vez nadie me interrumpió. Dos horas después me llamó mi marido desde Nueva York _____ decirme que estaría en casa _____ las seis o tal vez un poco antes, pero ¡ni un minuto después! Dijo que vendría _____ avión. Más o menos a las cinco miré _____ la ventana y vi que ya estaba todo oscuro. Decidí variar el menú del almuerzo _____ la cena. Cambié los huevos fritos _____ huevos duros (*hard-boiled*) e hice una rica ensalada de papas con huevos.

    Como ven, ¡me encantan los huevos!

Nombre_____ Fecha_____ Clase_____

EJERCICIO 10   CHISTES Y MÁS CHISTES.   Complete the following jokes with por or para.

1. El marido llama a su esposa desde París, _____ teléfono:

    —Hola, ¿qué prefieres que compre de aquí _____ ti? ¿Un Degás, un

    Miró, un Picasso, un Modigliani...?

    —Si no te importa, preferiría que me trajeras un Peugeot, querido.

2. —¿_____ qué no trabajas en lugar de robar?

    —Es que si trabajo no tengo tiempo _____ robar.

3. —¿Se sintió mejor con la medicina que le mandé _____ el estómago?

    —¡Mucho mejor! No he sentido ningún dolor _____ más de dos semanas.

    —¡Qué bien! Desde mañana la tomaré yo también.

4. —Vengo _____ pedir la mano de su hija.

    —¿La mayor o la menor?

    —¡ _____ Dios! ¿Es que tiene una mano más grande que la otra?

EJERCICIO 11   TRABALENGUAS.   Complete the following tongue-twisters with the appropriate words.

1. Pedro Pablo Pérez Pereira
    pobre pintor portugués
    pinta pinturas _____ poca plata (dinero)
    _____ pasar _____ París.

2. María Chucena techaba (was putting a roof on) su choza (hut) cuando un leñador

    (woodcutter) que _____ allí pasaba le dijo: "María Chucena, ¿techas

    tu choza _____ techas la ajena (someone else's)?"

—Ni techo mi choza ni techo la ajena,

    techo la choza de María Chucena.

3. Han dicho que he dicho un dicho (*saying*),

    tal dicho no lo _____ dicho yo.

    porque si yo _____ dicho el dicho,

    bien dicho habría estado el dicho

    por haberlo dicho yo.

EJERCICIO 12 SINÓNIMOS. *Rewrite the following sentences substituting words or phrases similar in meaning to the words or phrases underlined.*

MODELOS: a. María se rió de mí.
            María se burló de mí.

         b. Tu hermano es muy cómico.
            Tu hermano es muy chistoso.

1. Eso que dices no tiene sentido.

    _____

2. ¿Cuántas piezas tiene la casa nueva?

    _____

3. Nuestro apartamento está al fondo (*at the end*) del pasillo.

    _____

4. ¿Realmente están a favor de la inversión?

    _____

5. Antes era común construir el excusado como cuarto independiente de la casa.

    _____

    _____

6. Anoche usted tuvo una idea brillante.

    _____

7. El estudiante sintió vergüenza y escondió el rostro en la mano.

_____

_____

8. ¡Caramba! Paco acaba de <u>decir algo que no debía</u> en presencia de su jefe.

_____

_____

EJERCICIO 13   ¿CUÁL ES LA PALABRA QUE ESTÁ FUERA DE LUGAR?   Circle the word that does not belong.

MODELO: ojo   nariz   (cuarto)   cara

1. pared   suelo   techo   piel

2. cama   sala   silla   mesa

3. doler   gustar   alquiler   faltar

4. piso   pie   dedo   mano

5. cómico   chistoso   gracioso   rico

6. alcoba   oreja   baño   sala

7. hombro   corazón   hombre   cabeza

8. broma   chiste   brazo   gracia

EJERCICIO 14   TRADUCCIÓN.

1. Don't put me on! That doesn't make sense.

_____

2. I have one bed and one armchair in my bedroom.

_____

3. Alejandro is very witty and amusing.

_____

4. We're about to leave for Barcelona; we're going for three days.

    _____

5. Elisa was sure she had closed the kitchen door.

    _____

6. They would have advised me not to tell the joke.

    _____

12

La imaginación creadora

EJERCICIO 1   *¿QUÉ ESTÁ PASANDO?*   *Using the present progressive tense, answer the questions in the affirmative or in the negative, according to what the drawings show. Follow the model.*

MODELO:

¿Llora Luisito?
Sí, Luisito está llorando.

1.   ¿Cantan los jóvenes?

_____

_____

2.   ¿Dibuja María?

_____

_____

3. ¿Se ríen los estudiantes?

_____

_____

4. ¿Corre Paco?

_____

_____

5. Teje un suéter la señora?

_____

_____

6. ¿Pintan un cuadro ustedes?

_____

_____

7. ¿Habla usted por teléfono?

_____

_____

8. ¿Miran televisión las muchachas?

_____

_____

EJERCICIO 2   LEYENDO A POE...   Rewrite the story changing the underlined verbs to the past progressive.

Modelo: Era de noche y en casa todos hacían algo.
         Era de noche y en casa todos estaban haciendo algo.

1. Papá y mamá miraban televisión.

    _____

2. Pepito estudiaba y el perro dormía en la sala.

    _____

    _____

3. Sentada en mi cama, yo terminaba un cuento de Poe.

    _____

    _____

4. Era el segundo cuento de terror que leía esa noche.

    _____

    _____

5. De repente vi que Roberto y yo paseábamos por un parque.

    _____

    _____

6. Alguien nos seguía y nosotros corríamos desesperadamente.

    _____

    _____

7. Roberto me decía algo en inglés.

    _____

8. ¿Por qué me <u>hablaba</u> en inglés? ¿Qué <u>pensaba</u> hacer con ese péndulo?

_____

_____

9. El péndulo me <u>atacaba</u> y yo <u>trataba</u> de escaparme...

_____

_____

10. "Pero mi hija, ¿qué te pasa? ¿Por qué <u>gritabas</u> hace un rato? ¡Son las siete de la mañana! ¡Es hora de levantarte!"

_____

_____

EJERCICIO 3   *MÁS TIEMPOS PROGRESIVOS.   Rewrite the sentences using the progressive tense.   The progressive tense used should correspond to the underlined verbs.*

MODELOS: a.   <u>Íbamos</u> a la biblioteca.
                  Estábamos yendo a la biblioteca.

              b.   ¿<u>Aprenderías</u> español si no <u>vivieras</u> aquí?
                  ¿Estarías aprendiendo español si no estuvieras viviendo aquí?

1. <u>Nos especializábamos</u> en literatura española.

_____

2. Creo que los policías <u>investigan</u> el crimen.

_____

3. ¿<u>Fracasarían</u> ustedes si Susana no los <u>ayudara</u>?

_____

4. Anoche <u>compuse</u> una sonata para ti.

_____

5. Marcelo se fija en el retrato de Ana pero ella no lo nota.

_____

_____

6. Yo pensaré en ustedes mientras estudian para el examen de arquitectura.

_____

_____

EJERCICIO 4   PREGUNTAS Y RESPUESTAS.   Answer the questions using the cues pro-
vided and a progressive tense, following the model.

MODELO: ¿Busca usted algo para leer?
          (andar) Sí, ___*ando buscando*___ alguna lectura interesante.

1. ¿Comían ustedes por la calle?

    (ir) Sí, _____ por la calle principal, ¿por qué?

2. ¿Todavía vives en el barrio donde naciste?

    (seguir) Sí, _____ en el barrio de mi niñez.

3. ¿Sigue usted algún curso de pintura?

    (estar) Sí, _____ dos cursos de pintura.

4. ¿Sufrían del corazón tus abuelitos?

    (venir) Sí, _____ del corazón desde jóvenes.

5. ¿Hablaste con Marta últimamente?

    (estar) Sí, _____ con ella anoche.

6. ¿Dice Pedro que Luis es arquitecto?

    (andar) Sí, _____ que Luis es un arquitecto buenísimo y
    que ya ha diseñado varios parques y museos.

EJERCICIO 5 *¿CÓMO PASARÁ SUS FINES DE SEMANA...?* *Many of us spend our weekends doing things related to our professions or occupations. Assuming this is true, indicate how the following people probably spend their weekends. From the list below, choose an appropriate activity for each person and change the infinitives into their corresponding present participle forms. Follow the model.*

MODELO: ¿Cómo pasará sus fines de semana...?
        una escritora   *Probablemente creando personajes ficticios.*

diseñar edificios
ver nuevas películas
practicar fútbol
tejer o coser
preparar sus conferencias

investigar el átomo
hacer sus tareas
dibujar o diseñar ropas
crear personajes ficticios
componer canciones

1. un estudiante

    _____.

2. una profesora

    _____.

3. un ama de casa

    _____.

4. un músico

    _____.

5. una arquitecto

    _____.

6. un futbolista

    _____.

7. una directora de cine

    _____.

8. un científico

    _____.

9. una diseñadora de modas

    _____.

EJERCICIO 6   ENTREVISTA CON UN ESCRITOR FICTICIO.   *Complete the interview with*
que, quien(es), *or* cuyo(a,os,as).

—¿Cuál es el título de la novela _____ usted acaba de publicar?

—El creador _____ no podía crear.

—¿Es ésa la novela _____ personaje principal pasa la mayor parte
de su tiempo tratando de escribir una novela?

—¡Sí! ¿Ya la leyó usted?

—No, pero los críticos con _____ he hablado me han comentado
algunos capítulos _____ parecen ser interesantísimos.

—Creo que en general la obra les ha gustado a las personas _____
leen ese tipo de literatura.

—¿Cuál es el elemento novelístico _____ usted considera más
experimental en su última novela?

—Las páginas centrales... El creador... es la primera novela _____
criaturas ficticias—el narrador y el personaje principal—crean lo que yo llamo
"el texto en blanco".

—¿Se refiere usted a las quince páginas _____ aparecen en blanco,
sin nada escrito, más o menos a mitad de la novela?

—¡Exacto! Y es irónico que varios amigos míos, profesores de literatura
_____ profesión consiste en explicar estos textos, ¡no hayan entendido
el significado de esas páginas...!

—¿Tiene algo que ver con el título?

—¡Por supuesto! Esas páginas, _____ significado es tal vez más importante que el resto de la obra, representan los momentos no creativos de

cualquier creador: el tiempo _____ pierde el escritor tratando

inútilmente de crear una escena o las horas _____ pasa el estudiante

tratando de escribir una composición _____ tema no le interesa...

— ¿Es un invento suyo o tiene algo de autobiográfico ese personaje a

_____ usted describe tan bien y con _____ frustraciones

parece estar totalmente identificado?

— ¡Claro! Ese personaje _____ período no creativo se ve reflejado

en las quince páginas en blanco es, en parte, mi doble, pero puede ser también

el suyo o el de cualquier otra persona. Después de todo, todos los seres

humanos somos, en mayor o en menor grado (*degree*), creadores _____

muchas veces no podemos crear...

*EJERCICIO 7   COMBINE LAS FRASES.   Combine the sentences using one of the
following relative pronouns:* que, quien(es), *or* cuyo(a,os,as).

MODELOS: a.   La semana pasada leí un cuento. El cuento me pareció bueno.
                La semana pasada leí un cuento que me pareció bueno.

           b.   Lorraine Ledford va a entrevistar a un escultor español. Sus
                esculturas son muy conocidas en toda Europa.
                *Lorraine Ledford va a entrevistar a un escultor español cuyas
                esculturas son muy conocidas en toda Europa.*

1.   Ésta es la diseñadora chicana. Te hablaba de ella ayer.

   _____

2.   Acabamos de notar ese dibujo. El dibujo parece dibujado por un niño.

   _____

   _____

144

3. ¿Dónde están los escultores? Usted fue al museo con ellos ayer.

_____

_____

4. Mañana irán a casa del carpintero. Su último trabajo le gustó mucho a Paco.

_____

_____

5. Gabriel García Márquez es un escritor colombiano. Sus personajes generalmente viven en un pasado mítico.

_____

_____

6. ¿Cómo se llama ese poeta chileno? Él ganó el premio Nóbel en 1971.

_____

_____

7. Rogelio tiene dos hermanas. Ellas tienen una colección de monedas muy completa.

_____

_____

8. ¿Es André el estudiante francés? A él le permitieron seguir el mismo curso dos veces.

_____

_____

EJERCICIO 8   ¿EL CUAL, LA CUAL...?   Complete the sentences with el (la) cual *or* los (las) cuales.

MODELOS: a. Mario va a participar en una conferencia para _*la cual*_ está preparando un ensayo sobre El Capital.

b. ¿Cuáles son los dibujos por _los cuales_ pagó usted tanto dinero?

1. Fuimos a esa carpintería al lado de _____ está el Museo de Arte Moderno.

2. ¿Es éste el curso para _____ ya no hay lugar?

3. Allí están los retratos entre _____ debe estar el suyo.

4. ¿Son ésas las estampillas por _____ desea verme inmediatamente?

5. ¿Cuáles son los capítulos sobre _____ vamos a hablar?

6. La muerte de Artemio Cruz y Pedro Páramo son dos novelas contemporáneas por medio de _____ se puede interpretar la realidad mexicana.

EJERCICIO 9   MÁS PRONOMBRES RELATIVOS...   _Complete the sentences with the appropriate relative pronouns, choosing from the alternatives provided._

MODELOS: a. ¿Llamará a ___los que___ (la que / los que / quien) no vinieron?

b. " ___Quien___ (lo que / que / quien) mucho duerme, poco aprende."

1. ¿Sacarán mejores notas _____ (cuyas / los que / que) estudien más?

2. Carlos Vega no entiende _____ (lo que / la que / que) tú dices.

3. La madre de Juan, _____ (lo que / quienes / la que) cose tan bien, quiere hacerle el vestido de novia a Irene.

4. "Antes que te cases, mira _____ (el que / lo que / que) haces."

5. El autor _____ (cuyo / la que / cuya) obra leímos vive en Madrid.

6. "A _____ (los que / quien / que) madruga (_gets up early_), Dios lo ayuda."

7. _____ (La que / El que / Lo que) inventó eso es Pedro.

8. "Ojos _____ (cuyos / los que / que) no ven, corazón que no siente."

EJERCICIO 10   DIMINUTIVOS.   Respond to the questions using diminutives of the words underlined.   The diminutives should all end in -ito(a,os,as).

MODELOS: a.   —¿Tienes un auto igual al mío?   —¡Igualito!

　　　　　　b.   —¿Conocen a esos muchachos?   —Sí, son _muchachitos_ del barrio.

1.   —¿Quiere un poco de café?   —Un _____, por favor.

2.   —¿Vamos a leer un cuento corto?   —Sí, muy _____.

3.   —¿Escribió él novelas buenas?   —No, sólo _____ mediocres.

4.   —¿Son niños mal educados?   —No, son _____ muy educados.

5.   —¿Piensa estar allí mucho tiempo?   —No, sólo un _____.

6.   —¿Es amiga de tu hermanita?   —Sí, es su _____.

7.   —¿Tienen hijas pequeñas?   —Sí, dos hijas _____.

8.   —¿Estarán allí un rato largo?   —No, sólo un _____.

EJERCICIO 11   SINÓNIMOS.   For each of the words on the left, give the letter of its synonym on the right.

1. ____ autor　　5. ____ poema　　　a. texto　　　　e. mirar

2. ____ crear　　6. ____ retrato　　b. temperamento　f. diseñar

3. ____ observar　7. ____ libro　　　c. poesía　　　g. pintura

4. ____ dibujar　8. ____ carácter　d. escritor　　h. inventar

EJERCICIO 12   EL VERBO CREADOR...   Give the infinitives that correspond to the following nouns.

MODELOS: a.   creador   _crear_

　　　　　　b.   especialización   _especializarse_

1. cuento _____

2. diversión _____

3. escritor _____

4. pintura _____

5. observación _____

6. invento _____

7. reunión _____

8. publicación _____

9. adorno _____

10. producción _____

EJERCICIO 13   ASUNTOS LITERARIOS Y ARTÍSTICOS... Complete the sentences with words from the vocabulary list in the grammar text for this chapter.

1. <u>Cien años de soledad</u> es una _____ colombiana.

2. <u>En contacto</u> fue escrito por tres _____ amigas.

3. Jorge Luis Borges es famoso por sus _____ fantásticos y filosóficos.

4. Mozart sólo tenía cinco años cuando empezó a _____ sus primeras obras musicales.

5. Antonio Gaudí es el _____ español que diseñó una famoso iglesia en Barcelona.

6. Don Quijote de la Mancha es un _____ literario muy popular.

7. <u>Los desastres de la guerra</u> es el nombre de una serie de _____ del pintor español Francisco José Goya.

EJERCICIO 14   TRADUCCIÓN.

1. That's the student whose research will soon be published.

_____

_____

2. They were drawing in the park again.

_____

Nombre_____ Fecha_____ Clase_____

3. We learned that he was publishing an essay, which didn't surprise us.

_____

_____

4. She is an architect whom I respect a lot.

_____

5. Alicia brought the fabric from Spain, then designed and sewed that beautiful dress.

_____

_____

6. I am reading a short novel the title of which is The Creator Who Couldn't Create.

_____

_____

EJERCICIO 15   CRUCIGRAMA.

Horizontales

2. en inglés se dice *body*
8. mueble donde se duerme
10. personalidad, temperamento
12. parte de la boca
13. ___ de compras
14. adjetivo posesivo
15. presente de "leer"
17. en inglés se dice *one more time*
19. imperfecto de "ir"
22. en inglés se dice *floor*
23. se usa ___ cuando se dice lo contrario de lo que se piensa
25. el ___ cubre la cabeza
26. parte posterior del cuerpo humano
28. la hermana de mi madre es mi ___
30. en la iglesia generalmente se ___

Verticales

1. por la ___ se sube o baja de un piso a otro
3. artículo indefinido
4. en inglés se dice *skin*
5. no hablar; estar en silencio
6. parte de la cara
7. verbo relacionado con "investigación"
8. también se llama "rostro"
9. adjetivo posesivo
11. el que lo quiere saber todo
16. el que tiene un empleo
17. artículo indefinido
18. cada ___ tiene cinco dedos
20. en inglés se dice *to try*
21. una ___ tiene 60 minutos
24. la C es una ___ peor que la B

32. en inglés se dice *again*
35. presente de "creer"
38. sinónimo de "viento"
39. Nicolás Guillén es un ___ cubano
40. alguien cuya profesión es escribir
43. persona que hace traducciones
47. el ___ Amazonas, por ejemplo
48. palabra relacionada con el verbo "reírse"
49. en inglés se dice *wave*
50. mueble donde se come
51. se escribe generalmente en verso

27. caminar y andar a ___ son sinónimos
29. presente de "criticar"
31. escuela privada
33. futuro de "ir"
34. se usa como sinónimo de "escritor"
35. hacer algo original
36. período temporal
37. negación
38. el Palacio de Bellas ___, por ejemplo
41. Ernesto Cardenal es poeta, pero también es un ___ católico
42. dentro de la ___ están los dientes
44. mandato afirmativo de "decir"
45. abreviación de Estados Unidos, en inglés
46. órgano relacionado con la visión

Cuaderno de laboratorio

Diversiones

EJERCICIO 1 *Answer in the affirmative, following the model. Then repeat the correct response after the speaker. The questions will be repeated.*

MODELO: ¿Prefieres la música popular?
         Sí, prefiero la música popular.

EJERCICIO 2 *You will hear a brief conversation between Raúl and Manuel. Follow their conversation and write the missing words. The entire dialogue will be repeated to help you check your answers.*

RAÚL: ¿Cómo se llama tu _____ _____ _____?

MANUEL: _____ _____ Luis García. ¿Sabes que _____ muy bien

         _____ _____?

RAÚL: ¡Qué bien! Él toca la guitarra y tú _____ ¡como Julio

         Iglesias! Ustedes dos _____ _____ mucho juntos, ¿no?

MANUEL: Sí. La verdad es que en general _____ _____ bien y no

         _____ _____ nunca. _____ _____ de

         empezar un grupo musical...

RAÚL: ¡Un grupo _____! ¿Y cuándo piensan _____?

MANUEL: En nuestros _____ _____, durante los _____

_____ _____ o _____ _____ _____,

después de estudiar... Luis y yo vamos a _____ el sábado por

_____ _____ para decidir esos detalles (*details*)...

¿Quieres formar parte del grupo...?

RAÚL: Pues... no sé... ¡Es una idea _____! Yo los puedo

_____ con el violín, ¿no...?

MANUEL: ¡Claro! Con la guitarra de Luis, tu violín... y mi voz, ¡vamos a formar

un trío sensacional!

*EJERCICIO 3   You will hear ten sentences; each one will be read twice. Three
possible endings to each sentence will be given. Complete each sentence with
the correct ending, following the model. Then repeat the correct response
after the speaker.*

MODELO: El rugby deriva del...
a. béisbol   b. fútbol *soccer*   c. jai alai
Deriva del fútbol soccer.

*EJERCICIO 4   You will hear eight questions; each one will be read twice. These
questions could be addressed to* Paco, Paco y Susana, *or* la señora González. *For
each question, give the name of the person or persons to whom it is addressed:*
Paco, Paco y Susana, *or* la señora González.

MODELO: ¿Vas a acompañarme al teatro?
Paco

*EJERCICIO 5   Read and listen to the following paragraph. You will hear ten
statements based on it. Each statement will be read twice. Circle V (*verdadero*)
if the statement is true and F (*falso*) if it is false.*

   La década del sesenta es una década de mucha actividad

cultural en toda América Latina. En música hay un nuevo

interés por el folklore. Se multiplican los programas

musicales en la radio y en la televisión. Empieza en esos
años la tradición de las peñas urbanas, especialmente en
Chile y en Argentina. Antes de los años sesenta ya existen
las peñas campesinas. Se llaman así las barracas* temporales   *huts*
que construyen los campesinos en el campo para celebrar
fiestas religiosas o nacionales. Desde el principio las
peñas constituyen centros de reunión donde van las gentes
para conversar, cantar, bailar y comer juntos. La primera
peña urbana nace en Santiago (Chile) y es la famosa "Peña
de los Parra", organizada por la cantante popular Violeta
Parra, sus hijos Ángel e Isabel Parra y por otros conocidos
cantantes chilenos. En Chile las peñas tienen un papel muy
importante en el nacimiento* de la "nueva canción chilena",   *birth*
un movimiento musical cuya temática* habla de problemas   *cuya... whose*
                                                                 themes
políticos, económicos y sociales contemporáneos.

1. V   F   3. V   F   5. V   F   7. V   F   9. V   F
2. V   F   4. V   F   6. V   F   8. V   F   10. V   F

*EJERCICIO 6   The following song, La T.V., was written and performed by Ángel
Parra, a Chilean composer. This song belongs to the movement known as la
nueva canción chilena, discussed in the previous paragraph. Read along as
you listen to it and then do the multiple choice exercise that follows.*

La T.V.

Letra y música de Ángel Parra

La televisión entrega* paz, amor, felicidad,   *da*
deseos incontenibles* de vivir en sociedad,   *irrepressible*
de ganar* mucho dinero para poderlo gastar*   *make / spend*
tomando whisky en las rocas* como dice Cary Grant.   *rocks*

Con la T.V. me dan ganas de* comprar rifles
    y bombas,   me... quiero

de asesinar* a un anciano* y nadar* en   matar / viejo / *swim*
    Coca-Cola.

¡Qué apasionante* es la tele con sus videos   emocionante
    de amor,*   videos... telenovelas

prostitutas que se salvan* al casar con un   se... *save themselves*
    señor,

treinta años mayor* que ella y millonario   más viejo
    el bribón!*   *rascal*

En programas para niños hay cosas extraor-
    dinarias:

cómo matar a una madre, cómo derribar   derribar... *to knock down*
    murallas,*   *walls*

cómo ganamos los blancos contra los indios
    canallas*   *mean*

que no quieren dar sus tierras a cambio de
    una medalla.*   *medal*

Este medio cultural—y también de información—

permite asistir a misa* mientras tomamos un   *mass*
    ron.*   *rum*

La publicidad nos da en cama la religión.

Por fin, la televisión, con generosa armonía,

es consuelo* de los pobres y niñas en   consolación
    soltería;*   niñas... *dainty old maids*

es estudio de sociólogos que la definen muy
    bien,

pero llegado el momento* se sientan a ver T.V.   llegado... *when the moment*
¡Y yo también!   *arrives*

Now, complete the statements you hear by circling a or b, as appropriate.
Each sentence will be read twice.

1. a.   ganar mucho dinero sin salir de la casa
    b.   asistir a misa sin salir de la casa

2. a.   son muy violentos
    b.   son similares a *Sesame Street*

3. a.   sirve de consuelo a los pobres
    b.   sirve de consuelo a los sociólogos

4. a.   él nunca mira televisión
    b.   él también mira televisión

Vejez y juventud

EJERCICIO 1 *Restate the following sentences in the preterit. Then repeat the correct response after the speaker. The sentences will be repeated.*

MODELOS: a. María sabe la respuesta.
              María supo la respuesta.

          b. Ellos vienen temprano.
              Ellos vinieron temprano.

EJERCICIO 2 *Restate the following sentences in the imperfect. Then repeat the correct response after the speaker. The sentences will be repeated.*

MODELOS: a. Paco tiene diez años.
              Paco tenía diez años.

          b. Ustedes quieren comer.
              Ustedes querían comer.

EJERCICIO 3 *Answer the questions in the affirmative, using* <u>hace</u> *plus the expression of time indicated, as in the model. Then repeat the correct response after the speaker. The questions will be repeated.*

MODELO: ¿Ya se casaron Marta y José? (dos meses)
             Sí, hace dos meses que se casaron.

EJERCICIO 4 *For each item below, mark the sentence that you hear. Each sentence will be read twice.*

MODELO: (   ) Ella va con el padre.
         (x) Ella ve al compadre.

1. (   ) Mi abuelo se rió mucho.

    (   ) Mi abuela sonrió mucho.

2. (   ) ¿Se casó usted ayer?

    (   ) ¿Se cansó usted ayer?

3. (   ) Él ve si no viene su novia.

    (   ) El vecino viene con su novia.

4. (   ) Ellos llevaban una vida feliz.

    (   ) Ellos llevaban una vida infeliz.

5. (   ) Decidió ir al concierto.

    (   ) Decidí oír el concierto.

EJERCICIO 5 *Give the infinitives of the verbs associated with each of the following words. Follow the models. Then repeat the correct response after the speaker.*

MODELOS: a. el nacimiento
            nacer

         b. la educación
            educar

EJERCICIO 6

a. *Listen to the following dialogue, which takes place in a marriage counselor's office.*

....

b. *The first half will now be repeated. Answer the four questions that follow by marking the correct response.*

....

1. (   ) Ella le dijo que estaba un poco cansada.

    (   ) Ella le dijo que estaba cansada de él.

    (   ) Ella le dijo que estaba cansada de estar casada.

2. ( ) Ella se casó dos veces.

    ( ) Ella se casó sólo una vez.

    ( ) Ella se casó tres veces.

3. ( ) Hace tres años que él se casó con ella.

    ( ) Hace sólo un año que ellos se casaron.

    ( ) Hace dos años que ellos se casaron.

4. ( ) Él la conoció cuando murió su segundo esposo.

    ( ) Él la conoció cuando murió su primer esposo.

    ( ) Él la conoció cuando ella tenía quince años.

c. *The second half will now be repeated. Answer the last four questions by marking the correct response.*

    ....

5. ( ) Debe dejar a su esposa.

    ( ) Debe ir al cine con su esposa.

    ( ) Debe hablar con su esposa.

6. ( ) En un teatro.

    ( ) En un hospital.

    ( ) En un cementerio.

7. ( ) El día de la muerte del cliente.

    ( ) El día de su cumpleaños.

    ( ) El año próximo.

8. ( ) Él dice que no va a decir adiós a su esposa.

    ( ) Él dice que está cansado de estar casado con su esposa.

    ( ) Él dice que no tiene dinero para pagar al doctor.

EJERCICIO 7   Write the following sentences as you hear them.   Each sentence will be repeated.   At the end of the dictation, the entire paragraph will be read once again.

1. _____

_____

2. _____

_____

3. _____

_____

4. _____

_____

5. _____

_____

6. _____

_____

7. _____

8. _____

_____

La presencia hispana en los Estados Unidos

EJERCICIO 1   For each of the drawings below, you will hear four sentences, two of which are correct and two incorrect.   Write only the <u>correct</u> sentences.   Each pair of sentences will be read twice.

1. El niño _____

_____

2. La doctora _____

_____

3. La muchacha _____

_____

4. Ella _____

_____

5. Los turistas _____   7. Papá _____

   _____   _____

6. La estación _____   8. El cuarto _____

   _____   _____

EJERCICIO 2   Give the plural forms of the phrases you hear.   Then repeat the correct response after the speaker.   The phrases will be repeated.

MODELO: el primer lugar interesante
         los primeros lugares interesantes

EJERCICIO 3   Give the feminine forms of the phrases you hear.   Then repeat the correct response after the speaker.   The phrases will be repeated.

MODELO: estos pasajeros puertorriqueños
         estas pasajeras puertorriqueñas

EJERCICIO 4   Answer the questions in the imperfect tense, using ser *or* estar, *following the models.   Then repeat the correct response after the speaker.   The questions will be repeated.*

MODELOS: ¿En el extranjero?... ¿el señor Gómez?
          Sí, estaba en el extranjero.

¿Un país muy rico?... ¿Inglaterra?
Sí, era un país muy rico.

EJERCICIO 5 *Answer the questions in the affirmative, using possessives and demonstratives, following the models. Then repeat the correct response after the speaker. The questions will be repeated.*

MODELOS: ¿Es éste tu vuelo?
Sí, este vuelo es mío.

¿Son éstas sus maletas (i.e., las maletas de ellos)?
Sí, estas maletas son suyas.

EJERCICIO 6 *You will hear six sentences; each one will be read twice. Three possible endings to each sentence will be given. Complete each sentence with the correct ending, following the model. Then repeat the correct response after the speaker.*

MODELO: Una persona que entra a un país con intención de quedarse a vivir allí
es un...
a. ciudadano   b. turista   c. inmigrante
Es un inmigrante.

EJERCICIO 7 <u>Una canción de emigrantes.</u> *The following song, "El abuelo", is about life far from home, about those who leave their own countries in search of a better life. Read along as you listen to it and then do the comprehension exercise that follows.*

El abuelo

Letra y música de Alberto Cortez

El abuelo un día, cuando era muy joven
allá en su Galicia, miró el horizonte*   *horizon*
y pensó que otra senda* tal vez existía.   camino
Y al viento* del norte, que era un viejo amigo, *wind*
le habló de su prisa; le mostró sus manos
que mansas* y fuertes estaban vacías.*   *gentle / empty*
Y el viento le dijo: "Construye tu vida
detrás* de los mares,* allende* Galicia."   del otro lado / *seas /*
                                                 lejos de

Y el abuelo un día, en un viejo barco
se marchó* de España.   se... se fue, salió
El abuelo un día, como tantos otros,
con tanto esperanza.*   hope
La imagen querida de su vieja aldea*   pueblo
y de sus montañas
se llevó grabada* muy dentro del alma   engraved
cuando el viejo barco lo alejó* de España.   llevó lejos

Y el abuelo un día subió la carreta*   cart
de subir la vida; empuñó* el arado,*   tomó / plow
abonó* la tierra y el tiempo corría.   fertilizó
Y luchó* sereno* por plantar el árbol   struggled / con serenidad
que tanto quería.
Y el abuelo un día, solo bajo el árbol
que al fin florecía,*   tenía flores
lloró de alegría cuando vio sus manos
que un poco más viejas no estaban vacías.

Y el abuelo entonces, cuando yo era un niño,
me hablaba de España; del viento del norte,
de su vieja aldea y de sus montañas.
Le gustaba tanto recordar* las cosas   to remember
que llevó grabadas muy dentro del alma
que a veces callado,* sin decir palabra,   en silencio
me hablaba de España.

Y el abuelo un día, cuando era muy viejo,
allende Galicia, me tomó la mano
y yo me di cuenta* que ya se moría.   me... I realized
Entonces me dijo, con muy pocas fuerzas*   strength
y con menos prisa: "Prométeme* hijo   Promise me
que a la vieja aldea irás algún día
y al viento del norte dirás que su amigo
a una nueva tierra le entregó* la vida".   dio

Y el abuelo un día se quedó dormido
sin volver a España.
El abuelo un día, como tantos otros,
con tanta esperanza.
Y al tiempo* al abuelo lo vi en las aldeas,   después de un tiempo
lo vi en las montañas en cada mañana
y en cada leyenda*   legend
por todas las sendas que anduve de España.

*Now you will hear ten statements based on the song. Circle V (underline verdadero) if what you
hear is true or F (underline falso) if it is false. Each statement will be read twice.*

1. V F   3. V F   5. V F   7. V F   9. V F

2. V F   4. V F   6. V F   8. V F   10. V F

Países e ideologías

EJERCICIO 1   You will hear six sentences in the preterit tense. Using the cues provided, restate them in the future tense, following the model. Then repeat the correct response after the speaker. The sentences will be repeated.

MODELO: Ayer fui a la manifestación. Mañana también...
         Mañana también iré a la manifestación.

EJERCICIO 2   You will hear five sentences in the present tense. Restate them in the past, using the preterit in the main clause. Follow the model. Then repeat the correct response after the speaker. The sentences will be repeated.

MODELO: Juan cree que ganará en las elecciones.
         Juan creyó que ganaría en las elecciones.

EJERCICIO 3   Complete the following sentences by making comparisons of equality, using the cues provided and tan *or a form of* tanto(-a, -os, -as)*, as appropriate. Follow the models. Then repeat the correct response after the speaker. The sentences will be repeated.*

MODELOS: a. Conocemos a un político... (liberal, usted)
              Conocemos a un político tan liberal como usted.

          b. Aquí hay... (diputados, habitantes)
              Aquí hay tantos diputados como habitantes.

EJERCICIO 4   Answer the following questions affirmatively, using irregular comparative forms. Follow the models. Then repeat the correct response after the speaker. The questions will be repeated.

MODELOS: a.   Jorge y tú tienen buenas notas, ¿no?
Sí, pero Jorge tiene mejores notas que yo.

b.   Pepito y Lupita son pequeños, ¿no?
Sí, pero Pepito es menor que Lupita.

EJERCICIO 5   You will hear six definitions. After each one, circle the letter (a, b, or c) that corresponds to the word defined. Each definition will be read twice. Follow the model.

MODELO: Líder o jefe de un país democrático como los Estados Unidos o México, por ejemplo...

a.   rey   b.   gobernador   c.   presidente

1.   a.   prensa   b.   partido   c.   patria

2.   a.   democracia   b.   fascismo   c.   comunismo

3.   a.   verdadero   b.   actual   c.   real

4.   a.   discurso   b.   manifestación   c.   junta

5.   a.   prometer   b.   apoyar   c.   votar

6.   a.   gobernadora   b.   presidente   c.   reina

EJERCICIO 6   The following poem will be read by the author himself, Nicaraguan poet and priest Ernesto Cardenal. Read along as you listen to him and then do the multiple choice exercise that follows.

SALMO* 5   *Psalm*

Escucha mis palabras, oh Señor;*   oh... *Oh God*
                    oye mis gemidos.*   *groans*
Escucha mi protesta
porque no eres tú un Dios amigo de
    los dictadores,
ni partidario* de su política,   *partisan*
ni te influencia la propaganda,
ni estás en sociedad con el gangster.

No existe sinceridad en sus* discursos   sus = de los dictadores
ni en sus declaraciones de prensa.

166

Nombre _____ Fecha _____ Clase _____

Hablan de paz en sus discursos
mientras aumentan* su producción de guerra.*   *they increase / war*

Hablan de paz en las Conferencias de Paz
y en secreto se preparan para la guerra.

Sus radios mentirosos* rugen* toda la noche.   *falsos / howl*

Sus escritorios* están llenos de planes   *desks*
    criminales y expedientes* siniestros   *files*
Pero tú me salvarás* de sus planes.   *will save*

Hablan con la boca* de las ametralladoras.*   *mouth / machine guns*
Sus lenguas relucientes*   *shining*
                son las bayonetas...
Castígalos,* oh Dios;   *Punish them*
            malogra* su política,   *arruina*
confunde sus memorandums,
                impide sus programas.

A la hora de la Sirena de Alarma
tú estarás conmigo,
tú serás mi refugio el día de la Bomba.

Al que no cree en la mentira* de sus   *lie*
    anuncios comerciales,*   *anuncios... advertisements*
ni en sus campañas publicitarias ni en
    sus campañas políticas,
            tú lo bendices,*   *bless*
lo rodeas* con tu amor   *you surround*
            como con tanques blindados.*   *armored tanks*

*Now you will hear seven incomplete statements based on the poem. Complete each by
circling the letter (a, b, or c) that corresponds to the appropriate ending. Each
sentence will be read twice.*

1. a. su novia   b. Dios   c. un gangster

2. a. de protesta   b. de amor   c. de aventura

3. a. conservadores   b. liberales   c. dictadores

4. a. sinceros   b. hipócritas   c. honestos

5. a. los dictadores   b. los discursos   c. las bombas

6. a. la bayoneta   b. la ametralladora c. la pistola

7. a. los poetas   b. los comunistas   c. los dictadores

Nombre _____ Fecha _____ Clase _____

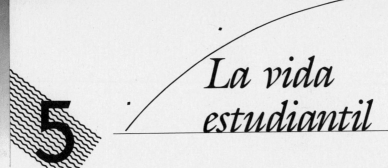

5 **La vida estudiantil**

EJERCICIO 1 *Raúl is worried because he has been getting poor grades lately.*
Make sentences using ojalá que *and the subjunctive, as he would. Follow the*
models. Then repeat the correct response after the speaker.

MODELOS: a. yo / poder graduarme
Ojalá que yo pueda graduarme.

b. mis padres / pagar mi matrícula
Ojalá que mis padres paguen mi matrícula.

EJERCICIO 2 *Create new sentences by substituting in the base sentence the word*
or phrase given. Then repeat the correct response after the speaker.

MODELO: Es increíble que ella esté en la biblioteca.
(Esperamos)
Esparamos que ella esté en la biblioteca.
(Es evidente)
Es evidente que ella está en la biblioteca.

1. Creo que él quiere seguir medicina.
2. ¿Insistes en que yo vaya a esa clase?
3. Es mejor que tú te especialices en ciencias de computación.
4. Temo que ustedes fracasen en este examen.
5. Es cierto que esa profesora es muy exigente.

EJERCICIO 3   You will hear five statements. Mark the most logical response to the statement you hear. Then repeat the correct response after the speaker. The statements will be repeated.

MODELO: ¡Saqué una A+ en el examen de física!
          (*x*) ¡Qué bien! Veo que eres un estudiante excepcional.
          (   ) ¡Qué lástima! Ahora tienes que estudiar más.
          (   ) Es obvio que no tienes problemas con las lenguas.

1. (   ) ¿Por qué? ¿Crees que sea muy aburrida para él?
    (   ) Su madre no quiere que él saque malas notas.
    (   ) ¿Por qué? Es posible que él pueda ayudarte.

2. (   ) Es posible que tus padres estén muy felices.
    (   ) Entonces será mejor que empieces a buscar trabajo.
    (   ) Vas a graduarte más temprano.

3. (   ) Ojalá que lleguen mañana.
    (   ) Tus padres insisten en que te especialices en literatura.
    (   ) ¿Qué quieren que hagas?

4. (   ) Pero estoy seguro que hay otros sobre el mismo tema, ¿no?
    (   ) ¡Qué bien! Entonces podemos ir a la biblioteca.
    (   ) Es lógico que él sea exigente, ¿no?

5. (   ) Porque quiero viajar a Francia y a Italia.
    (   ) Quiero especializarme en estudios latinoamericanos.
    (   ) Porque mañana tengo que pagar la matrícula.

EJERCICIO 4   You will hear eight brief monologues. Circle the letter that corresponds to the occupation or field of specialization of the person speaking. Follow the model.

MODELO: ¿Por qué no vino antes? Con la salud no hay que jugar, señora.
          Es probable que ese tumor sea benigno, pero uno nunca sabe...

| | campo: | a. química | b. medicina |

1. ocupación: a. profesor   b. arquitecto

2. campo: a. matemáticas   b. economía

3. ocupación: a. cartero   b. vendedor

4. campo: a. filosofía   b. sociología

5. ocupación: a. escritor   b. agente de viajes

6. campo: a. ingeniería   b. literatura

170

7. ocupación: a. abogado   b. policía

8. ocupación: a. estudiante   b. secretario

EJERCICIO 5   Cecilia and Ramón are studying together and exchanging some impressions about their lives as students in this country. The conversation will be divided into two parts. Each part will be read twice. After each part, you will hear several statements based on it. Circle V (verdadero) if what you hear is true and F (falso) if it is false.

¿Verdadero o falso?

1. V   F   3. V   F

2. V   F   4. V   F

(Now you will hear the second part of the dialogue.)

¿Verdadero o falso?

5. V   F   8. V   F

6. V   F   9. V   F

7. V   F   10. V   F

EJERCICIO 6   UNA CANCIÓN CHILENA.   The following song was composed by Violeta Parra, the well-known Chilean singer and composer, and interpreted by Daniel Viglietti, an Uruguayan composer and singer. It is part of a group of compositions gathered together under the title of "Canto libre" (Free Song). Viglietti says that they are not protest songs, but "birds that fly close, look, comment, and announce the liberation." Read along as you listen to the song and then do the comprehension exercise that follows.

Me gustan los estudiantes

Letra y música de Violeta Parra

¡Que vivan los estudiantes, jardín de las
    alegrías!
Son aves* que no se asustan* de animal ni
    policía;
y no le asustan las balas* ni el ladrar*
    de la jauría.*
¡Caramba y zamba la cosa,
que viva la astronomía!

birds / no... are not frightened
bullets / barking
pack of hounds

Me gustan los estudiantes que rugen* como
        los vientos
cuando les meten al oído sotanas* o regimientos.
Pajarillos libertarios igual que los elementos
¡Caramba y zamba la cosa,
que vivan los experimentos!

Me gustan los estudiantes porque levantan
        el pecho*
cuando les dicen harina,* sabiéndose que es
        afrecho.*
Y no hacen el sordomudo* cuando se presenta
        el hecho.*
¡Caramba y zamba la cosa,
el código* del derecho!

Me gustan los estudiantes porque son la
        levadura*
del pan que saldrá del horno* con toda su
        sabrosura*
para la boca del pobre que come con amargura.*
¡Caramba y zamba la cosa,
viva la literatura!

Me gustan los estudiantes que marchan sobre
        las ruinas.
Con las banderas en alto va toda la
        estudiantina.*
Son químicos y doctores, cirujanos* y dentistas.
¡Caramba y zamba la cosa,
vivan los especialistas!

Me gustan los estudiantes que van al
        laboratorio.
Descubren lo que se esconde adentro del
        confesorio.*
Ya tiene el hombre un carrito que llegó hasta
        el purgatorio.*
¡Caramba y zamba la cosa,
los libros explicatorios!

Me gustan los estudiantes que con muy clara
        elocuencia
a la bolsa negra sacra le bajó las
        indulgencias.*
Porque ¿hasta cuándo nos dura, señores, la
        penitencia?
¡Caramba y zamba la cosa,
que viva toda ciencia*!

roar

*cuando... when they hear
(are exposed to) cassocks
(the clergy)*

chest
flour, wheat
bran
deaf-mute
fact, deed

code

leavening
oven
good taste
bitterness, grief

student body
surgeons

*lo... what is hidden inside
the confessional*
*Ya... Now people have a cart
(i.e., an ideology) which
has reached purgatory*

*a... on the sacred black market
they reduced the indulgences
(something done or money paid
to absolve sin)*
knowledge

172

You will now hear five statements based on the song. Circle V (verdadero) if the statement is true and F (falso) if it is false. Each statement will be read twice.

1. V   F

2. V   F

3. V   F

4. V   F

5. V   F

De viaje

EJERCICIO 1   Eduardo asks his mother the following questions as she is about to leave for Argentina. Answer them affirmatively, using direct object pronouns, as his mother would. Follow the models. Then repeat the correct response after the speaker. The questions will be repeated.

MODELOS: a.   ¿Compraste los cheques de viajero?
                     Sí, los compré.

              b.   ¿Verás a Ana Laura?
                     Sí, la veré.

EJERCICIO 2   Restate the following sentences, using indirect object pronouns. Follow the models. Then repeat the correct response after the speaker. Each sentence will be read twice.

MODELOS: a.   Pidieron ayuda a la guía.
                     Le pidieron ayuda.

              b.   ¿Llevarán recuerdos para sus hijos?
                     ¿Les llevarán recuerdos?

EJERCICIO 3   *Answer the following questions, using the prepositional pronouns that correspond to the subjects given. Follow the models. Then repeat the correct response after the speaker. Each question will be repeated.*

MODELOS: a.   ¿Con quién sales hoy?
                 (tú)
                 Salgo contigo.

           b.   ¿En quiénes piensan ustedes?
                 (nuestros huéspedes)
                 Pensamos en ellos.

EJERCICIO 4   *Carlos has not traveled very much and asks his friend Ana, an experienced traveler, for some advice. Using the infinitive phrases you hear, formulate her advice to him by making six tú commands, as she would. Use object pronouns whenever possible. The infinitive phrases will be read twice. Follow the models. Then repeat the correct response after the speaker.*

MODELOS: a.   No dejar el pasaporte en la oficina.
                 No lo dejes en la oficina.

           b.   Llevarles regalos a los amigos.
                 Llévaselos.

EJERCICIO 5   *You will hear six brief comments. For each one, mark the only choice that COULD NOT possibly complete what you have heard. The comments will be read twice.*

MODELO: No hay tiempo... Raúl, trae el equipaje. Y tú, Pepe, ...
          ____ a. sígueme.
           _x_ b. vayan a la parada.
          ____ c. sube al taxi.

1. ____ a. hasta la avenida Colón.
   ____ b. y siéntense en aquella esquina.
   ____ c. y crucen la Plaza Cervantes.

2. ____ a. pasaportes listos.
   ____ b. maletas listas.
   ____ c. direcciones listas.

3. ____ a. vengan aquí a jugar.
   ____ b. déjennos trabajar.
   ____ c. salgan afuera a jugar.

4. ___ a. pregunta si el avión sale a horario.
   ___ b. pregunta si las azafatas aceptan propina.
   ___ c. pide información al respecto.

5. ___ a. No se divierta.
   ___ b. No se preocupe.
   ___ c. Tenga paciencia.

6. ___ a. vuelvan muy tarde.
   ___ b. salgan solos.
   ___ c. vayan a clase.

EJERCICIO 6   Listen to the following conversation, which will be read twice. You will hear eight statements based on it. Circle V (verdadero) if what you hear is true and F (falso) if it is false.

1. V   F   3. V   F   5. V   F   7. V   F

2. V   F   4. V   F   6. V   F   8. V   F

EJERCICIO 7   Si me dejas no vale (If you leave me, it's not fair). You will now hear a song sung by Julio Iglesias, one of the most popular Spanish singers of the last ten years. Read along as you listen to the song and then do the comprehension exercise that follows.

Si me dejas no vale

Interpretada por Julio Iglesias

La maleta en la cama preparando tu viaje,
un billete de ida y en el alma coraje,*   indignación, enojo
en tu cara de niña se adivina* el enfado*   se... se refleja, se ve /
y más que* te enojas quiero estar a tu lado.   enojo / y... y más porque

Y pensar que me dejas por un desengaño,*   decepción, desilusión
por una aventura que ya he olvidado;
no quieres mirarme, no quieres hablar,
tu orgullo está herido,* te quieres marchar.   *hurt*

Si me dejas no vale,*   no... no cuenta, no es justo
si me dejas no vale,
dentro de una maleta
todo nuestro pasado
no puedes llevarte.

Si me dejas no vale,
si me dejas no vale,
me parece muy caro
el precio que ahora yo
debo pagar.

Deja todo en la cama y háblame sin rencor;*   odio
si yo te hice daño,* te pido perdón;   si... *if I hurt you*
si te he traicionado,* no fue de verdad,*   *betrayed* / de... *for real*
el amor siempre queda y el momento se va.

Now you will hear five statements based on the song. Circle V (verdadero) if what you hear is true and F (falso) if it is false. Each statement will be read twice.

1. V   F

2. V   F

3. V   F

4. V   F

5. V   F

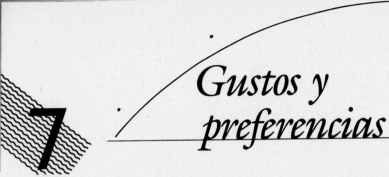

7 Gustos y preferencias

EJERCICIO 1 Answer the following questions with a form of <u>gustar</u>, as in the models. Then repeat the correct response after the speaker. The questions will be repeated.

MODELOS: a.   ¿Por qué no comes frutas?
                  Porque no me gustan las frutas.

           b.   ¿Por qué no van ellos al cine?
                  Porque no les gusta el cine.

EJERCICIO 2 You will hear five sentences; each one will be read twice. Circle the letter of the most appropriate response.

1. a. Déjame pensar.

    b. Porque llueve.

    c. Tengo hambre

2. a. Más o menos.

    b. Un momento, por favor.

    c. Vamos a comer.

3. a. ¡Qué bien! ¡Eso me parece fantástico!

    b. Tiene celos. ¡Eso es obvio!

    c. No sabe nada, absolutamente nada.

4. a. ¡Qué barbaridad! Es el fin.

    b. Entonces, ¡hagamos una fiesta!

    c. ¡Cómo no! ¿A qué hora?

5. a. ¡Esto es demasiado!

    b. Usted es muy amable. ¡Gracias!

    c. ¡No veo la hora!

EJERCICIO 3   *You will hear a comment based on each drawing below. Look at the drawings carefully; then circle V (verdadero) if the comment is true and F (falso) if it is false. The comments will be repeated.*

1. V   F

2. V   F

3. V   F

4. V   F

5. V   F

EJERCICIO 4   *Restate the following negative statements affirmatively, following the model. Then repeat the correct response after the speaker.*

MODELO: No quiero verte aquí jamás.
          Quiero verto aqui siempre.

EJERCICIO 5   *Create new sentences by substituting in the base sentence the word or phrase you hear, omitting or using the personal* a *as appropriate. Make all necessary changes in the verb. Follow the models. Then repeat the correct response after the speaker. The base sentences will be repeated.*

MODELOS: a.   Aquí hay alguien que come mariscos.
                     (no hay nadie)
                     Aquí no hay nadie que coma mariscos.

           b.   Buscamos a la profesora que enseña portugués.
                     (una profesora)
                     Buscamos una profesora que enseñe portugués.

EJERCICIO 6   *Restate the sentences, following the models. Then repeat the correct response after the speaker. The sentences will be repeated.*

MODELOS: a.   Lo hago cuando no tengo tanta prisa.
                     Lo voy a hacer cuando no tenga tanta prisa.

           b.   Ellos cocinaron después de que salió papá.
                     Ellos van a cocinar después de que salga papá.

EJERCICIO 7   *Write the following sentences as you hear them. Each sentence will be read twice. At the end of the dictation, the sentences will be read once again.*

1. _____

   _____

2. _____

   _____

3. _____

   _____

4. _____

   _____

5. _____

_____

6. _____

_____

8 *Dimensiones culturales*

EJERCICIO 1   You will hear five negative statements which will be repeated. First, make affirmative commands (without object pronouns).   Then restate the sentence, adding object pronouns to the commands.   Follow the models.   Then repeat the correct response after the speaker.

MODELOS: a.   Nunca me quito el sombrero.   (usted)
Quítese el sombrero ahora.
Quíteselo ahora.

b.   Nunca nos lavamos las manos.   (nosotros)
Lavémonos las manos ahora.
Lavémonoslas ahora.

EJERCICIO 2   Give the plural forms of the sentences you hear; each will be read twice.   Then repeat the correct response after the speaker.

MODELO: Me levanté temprano.
Nos levantamos temprano.

EJERCICIO 3   Restate the following sentences using direct object pronouns and the impersonal se, *as in the models.   Then repeat the correct response after the speaker.   The sentences will be repeated.*

MODELOS: a.   Alguien encontró a la muchacha.
Se la encontró.

b. Alguien recibió a los estudiantes.
   Se los recibió.

EJERCICIO 4   You will hear eight numbered sentences. Write the number of the sentence you hear under the sign with which you associate it. The first two sentences are marked as examples. The sentences will be read twice.

MODELOS: 1. No se permite doblar   2. Nos acercamos
              a la derecha   a un restaurante.

EJERCICIO 5 *Write the following sentences as you hear them. Each sentence will be read twice. At the end of the dictation, the entire paragraph will be read once again.*

_____

_____

_____

_____

_____

_____

_____

_____

_____

_____

_____

_____

_____

EJERCICIO 6 <u>Un poema-canción de Nicolás Guillén</u>. *The lyrics to the following song were written as a poem by Nicolás Guillén (born in 1902), a well-known Cuban poet. Read along in your manual as you listen to the song; then do the exercise that follows.*

<u>La muralla*</u>   *wall*

       Para hacer esta muralla,
bis) tráiganme todas las manos: *repetir*
       los negros sus manos negras,
       los blancos sus blancas manos.

Una muralla que vaya
bis)   desde la playa hasta el monte,*   montaña
       desde el monte hasta la playa,
       allá sobre el horizonte.*   horizon

       —¡Tun, tun!
       —¿Quién es?
       —Una rosa y un clavel*...   carnation
       —¡Abre la muralla!

       —¡Tun, tun!
       —¿Quién es?
       —El sable* del coronel*...   saber / colonel
       —¡Cierra la muralla!

       —¡Tun, tun!
       —¿Quién es?
       —La paloma* y el laurel...   dove
       —¡Abre la muralla!

       —¡Tun, tun!
       —¿Quién es?
       —El gusano* y el ciempiés*...   worm / centipede
       —¡Cierra la muralla!

       —¡Tun, tun!
       —¿Quién es?

       Al corazón* del amigo,   heart
       abre la muralla;
       al veneno* y al puñal,*   poison / dagger
       cierra la muralla;

       al mirto* y la yerbabuena,*   myrtle / mint
       abre la muralla;
       al diente* de la serpiente,   tooth
       cierra la muralla;

       al corazón del amigo,
       abre la muralla;
       al ruiseñor* en la flor...   nightingale

       Alcemos* esta muralla   Construyamos, Levantemos
bis)   juntando todas las manos;
       los negros, sus manos negras,
       los blancos, sus blancas manos.

186

bis)
        Una muralla que vaya
        desde la playa hasta el monte,
        desde el monte hasta la playa,
        allá sobre el horizonte...

        —¡Tun, tun!
        —¿Quién es? (etc.)
        ....
        ....
        al corazón del amigo,
        abre la muralla;
        al ruiseñor en la flor,
        ¡abre la muralla!

Now listen to the following five statements based on the song. Circle V (verdadero) if the statement you hear is true and F (falso) if it is false. Each statement will be read twice.

1. V   F   4. V   F

2. V   F   5. V   F

3. V   F

Salud
y medicina

EJERCICIO 1   *You will hear six sentences; each one will be read twice. Restate each sentence in the past tense, using the imperfect indicative or subjunctive, as appropriate. Then repeat the correct response after the speaker.*

MODELO: Es posible que se curen pronto.
          Era posible que se curaran pronto.

EJERCICIO 2   *In your manual, circle the letter of the response that correctly completes each sentence. Each sentence will be read twice.*

MODELO: Me lastimé el pie y por eso fui...
          (a.) al hospital   b. a esquiar   c. al dentista

1. a. desnutrición   b. niebla   c. sangre

2. a. un resfriado   b. un remedio   c. una dieta

3. a. invierno   b. otoño   c. verano

4. a. comer   b. ver   c. oír

5. a. los dedos   b. las orejas   c. las piernas

6. a. llover   b. nevar   c. mejorar

7. a. sufrir   b. fumar   c. descansar

8. a. el cáncer   b. la gripe   c. la fiebre

EJERCICIO 3 Restate the sentences you hear in the past tense, following the model. Then repeat the correct response after the speaker. Each sentence will be read twice.

MODELO: Si te duele la espalda, tendrás que ver al médico.
Si te doliera la espalda, tendrías que ver al médico.

EJERCICIO 4 You will hear six sentences. Complete each sentence with an adverb that corresponds to the prepositional phrase in the sentence you hear. Follow the models. Then repeat the correct response after the speaker.

MODELOS: a. En general, ellos son muy sanos.
Generalmente, ellos son muy sanos.

b. Bajó con cuidado.
Bajó cuidadosamente.

EJERCICIO 5 You will hear ten verbs in their infinitive forms. The verbs will be repeated. Give a noun related to each of the verbs, following the models. Include the corresponding definite article. Then repeat the correct response after the speaker.

MODELOS: a. enfermarse   b. llover
el enfermero   la lluvia

EJERCICIO 6 You will hear eight comments about health problems. The comments will be read twice. For each of them, mark the advice you find most appropriate. Follow the model.

MODELO: Me duele el estómago.

( ) Debes comer tres bananas.
(*x*) Debes tomar un té caliente.

1. ( ) Debes tomar mucho jugo de naranja.

( ) Debes ir al dentista.

2. ( ) Debes ver a un siquiatra.

( ) Debes tomar dos aspirinas.

3. ( ) Debes tomar leche caliente antes de acostarte.

( ) Debes tomar café negro antes de acostarte.

4. ( ) Debes aumentar de peso.

( ) Debes bajar de peso.

5. ( ) Debes correr dos millas.

( ) Debes evitar el frío.

6. ( ) Debes ir al hospital.

( ) Debes ir a bailar.

7. ( ) Debes tratar de relajarte.

( ) Debes trabajar más.

8. ( ) Debes tomarte la presión.

( ) Debes tomarte la temperatura.

EJERCICIO 7   You will hear a conversation between Susana and Patricia. As you listen to them, fill in the missing words below. The entire dialogue will be repeated to help you check your answers.

SUSANA: ¿Cómo _____ _____, Patricia?

PATRICIA: Un poco _____, aunque todavía _____ _____ mucho

_____ _____.

SUSANA: Debes _____ y tratar de _____. ¿_____

bien _____?

PATRICIA: ¡No dormí _____ _____ _____! Creo que

ahora también _____ _____ _____.

SUSANA: ¡No puede ser! A propósito del tema "insomnio", ¿sabes que _____

leí _____ _____ buenísimo titulado "El _____ y _____

sexo"?

PATRICIA: ¡Susana! No sabía _____ _____ leías revistas pronográficas...

SUSANA: ¡Pero si lo _____ _____ *Psychology Today*! ¡No es lo que tú te imaginas, muchacha! El artículo habla de _____ _____ entre _____ _____ y _____ _____ de la persona que _____. Dice, por ejemplo, que las _____ necesitan _____ más _____ _____ hombres...

PATRICIA: ¡Y yo que _____ dormí unas _____ _____! ¿Qué más leíste en ese artículo?

SUSANA: Pues... que _____ los hombres se _____ más _____ que las mujeres.

PATRICIA: ¿Y no da algún _____ para los que _____ _____ _____?

SUSANA: Sí, _____ hay varias cosas que uno puede hacer _____ combatir _____ insomnio: meditar, _____ yoga, _____ (_____ antes de acostarse) las bebidas que contienen cafeína, como _____ _____, el _____, _____ Coca-Cola...

PATRICIA: ¡La Coca-Cola! ¡Con razón...! Anoche tenía _____ _____ (por _____ _____, creo) que me tomé casi dos litros de Coca-Cola...

SUSANA: _____ ésa fue la causa _____ _____ _____, Patricia... Ahora te voy a _____ _____ vaso de _____ _____ y estoy segura que ¡vas _____ _____ _____ una piedra!

PATRICIA: ¿También leíste eso en el artículo?

SUSANA: No, el _____ _____ _____ _____ es un _____ de mi abuela..., ¡pero es infalible!

De pobres y ricos

EJERCICIO 1 *Answer the following questions using the present perfect tense and object pronouns, following the models. Then repeat the correct response after the speaker. Each question will be read twice.*

MODELOS: a. ¿Abrió usted la tienda?
            Sí, la he abierto.

           b. ¿Visitaron ustedes los museos?
            Sí, los hemos visitado.

EJERCICIO 2 *Restate the following sentences using the present perfect subjunctive and the cues provided. Follow the models. Then repeat the correct response after the speaker. The sentences will be repeated.*

MODELOS: a. Dudo que llames mañana. (ayer)
            Dudo que hayas llamado ayer.

           b. No creo que tengan hambre ahora. (anoche)
            No creo que hayan tenido hambre anoche.

EJERCICIO 3 *For each item, mark the sentence that you hear. Each sentence will be read twice.*

MODELO: ( ) **Obtuve una cita con el jefe.**

          (*x*) Hoy tuve una cita con el jefe.

1. ( ) Alma tiene una familia grande.

   ( ) Él mantiene a una familia grande.

2. ( ) Eso es muy caro.

   ( ) Eso es un carro.

3. ( ) ¿Lo quieres ahora?

   ( ) ¿Lo quieres ahorrar?

4. ( ) Subieron sus gastos de alimentación.

   ( ) Subieron sus gastos de calefacción.

5. ( ) Sé que el cura está bien.

   ( ) Sé que él cura eso bien.

6. ( ) El rey gastó mucho.

   ( ) Él regateó mucho.

7. ( ) ¿Le contaste el secreto a Marío?

   ( ) ¿Le contaste eso al secretario?

8. ( ) El dueño vendió la tienda.

   ( ) El dueño lo vio en la tienda.

EJERCICIO 4   You will hear eight questions. Each one will be read twice. Answer each question by circling the best response.

MODELO: ¿Cómo se llama la persona que trabaja en una fábrica?

      cura   (obrero)   deuda

1. dueño	obrero	jefe
2. los muebles	las compañías	los barrios bajos
3. ahorrar	gastar	conservar
4. tiendas	oficinas	hospitales
5. robar	reducir	regatear
6. olvidarla	pagarla	venderla
7. un empleado	un médico	un profesor
8. conservar a alguien	salvar a alguien	ahorrar a alguien

EJERCICIO 5   *You will hear six questions. Answer the questions affirmatively, using the past perfect tense and the cues provided. Follow the model. Then repeat the correct response after the speaker. The questions will be repeated.*

MODELO: ¿Viste esa película antes?   (dos veces)
          Sí, había visto esa película dos veces antes.

EJERCICIO 6   *Answer the following questions in the affirmative, using the appropriate past participle forms, as in the models. Then repeat the correct response after the speaker.*

MODELOS: a.   ¿Abrieron la ventana?
                Sí, la ventana está abierta.

           b.   ¿Rompieron los platos?
                Sí, los platos están rotos.

EJERCICIO 7   *Listen to the following dialogue, which takes place in an employment agency between a counselor and Rolando Rodríguez, a young man looking for work. The dialogue will be read twice. After the second reading, you will hear six questions; each one will be read twice. Answer the questions aloud. Then repeat the correct response after the speaker.*

Diversas caras del humor

EJERCICIO 1   Create new sentences by substituting in the base sentence the word or phrase given, following the model. Then repeat the correct response after the speaker. The base sentences will be repeated.

MODELO: Quiero que ustedes cuenten chistes.
             (Quería)
           Quería que ustedes contaran chistes.
             (Querré)
           Querré que ustedes cuenten chistes.

EJERCICIO 2   You will hear four conditional statements. Each of them will be read twice. Restate them in the past, following the model. Then repeat the correct response after the speaker.

MODELO: Si tuviéramos dinero, compraríamos una casa.
           Si hubiéramos tenido dinero, habríamos comprado una casa.

EJERCICIO 3   Answer the following questions, which are based on the drawings below.   Then repeat the correct response after the speaker.   Each question will be read twice.

MODELO: ¿Dónde está la cama?
          Está en la alcoba.

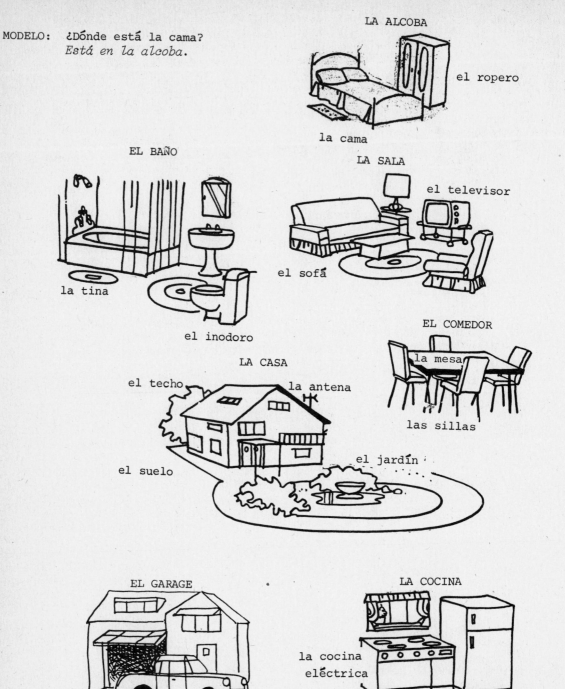

LA ALCOBA

el ropero

la cama

EL BAÑO

la tina

el inodoro

LA SALA

el televisor

el sofá

EL COMEDOR

la mesa

las sillas

LA CASA

el techo   la antena

el suelo

el jardín

EL GARAGE

LA COCINA

la cocina
eléctrica

el refrigerador

Nombre_____Fecha_____Clase_____

EJERCICIO 4   *Circle the letter of the word that corresponds to the definition
you hear. Follow the model. The definitions will be repeated.*

MODELO: Mueble que se pone en la sala.

     a. cama   (b.) sofá   c. refrigerador

1. a. ironía   b. alivio   c. chiste

2. a. ocurrente   b. estúpida   c. escalera

3. a. mesa   b. cama   c. dedo

4. a. garage   b. cocina   c. jardín

5. a. la pata   b. el pie   c. la mano

6. a. techo   b. suelo   c. pared

7. a. estar para   b. estar en   c. estar por

8. a. brazo   b. cuello   c. pelo

EJERCICIO 5   *Answer the following questions in the affirmative. Use* por *or* para
*in your answers, as in the models. Then repeat the correct answer after the
speaker. Each question will be read twice.*

MODELOS: a. ¿Van ustedes hacia la universidad?
           Sí, vamos para la universidad.

       b. Entró él a través de la ventana?
           Sí, él entró por la ventana.

EJERCICIO 6   La lechera *(The Milkmaid).   Listen to the following story which
will be read twice. You will then hear six statements based on it. Circle V
(*verdadero*) if the statement is true and F (*falso*) if it is false. The statements
will also be read twice. (Note: la gallina,* chicken; *el cerdo,* pig.)

1. V F   4. V   F

2. V F   5. V   F

3. V F   6. V   F

EJERCICIO 7   DICTADO.   The title of the following paragraph could be <u>El misterio de los dos cuerpos</u> (The Mystery of the Two Bodies).   Write the sentences as you hear them.   Each sentence will be read twice.   At the end of the dictation the entire paragraph will be read once again.

_____

_____

_____

_____

_____

_____

_____

_____

_____

_____

_____

After you have tried to figure out the solution to this mystery, compare your answer with the one found in the answers to the workbook section of Chapter 11.

Nombre_____ Fecha_____ Clase_____

12 La imaginación creadora

*EJERCICIO 1 Restate the following sentences using the present progressive tense.
Follow the model. Then repeat the correct response after the speaker.*

MODELO: Cecilia y Rogelio leen el texto de español.
Cecilia y Rogelio están leyendo el texto de español.

*EJERCICIO 2 Restate the following sentences using diminutives that end in a form
of -ito. Follow the models. Then repeat the correct response after the speaker.*

MODELOS: a. Mamá leyó un poema.
Mamita leyó un poemita.

b. Eduardo tiene muchas monedas.
Eduardito tiene muchas moneditas.

*EJERCICIO 3 Find the word that best completes the sentence you hear. Write the
number of the sentence in the space provided, following the models.*

MODELOS: 1. Una mujer que enseña en una universidad es una...

2. Pablo Piscasso es un...

( ) científico   ( ) arquitecto   (2) pintor   ( ) médica

( ) carpintero   (1) profesora   ( ) novelista   ( ) actriz

( ) poeta   ( ) músico   ( ) periodista   ( ) bailarín

EJERCICIO 4 Create new sentences by substituting in the base sentence the word or phrase that you hear. Make all necessary changes. Follow the models. Then repeat the correct response after the speaker.

MODELOS: a. <u>Lo terrible</u> es que fracasó en el examen.
(lo malo)
Lo malo es que fracasó en el examen.
(lo cierto)
Lo cierto es que fracasó en el examen.

b. <u>Esos muchachos</u>, los que están sentados, siguen un curso de matemáticas.
(Aquel señor)
Aquel señor, el que está sentado, sigue un curso de matemáticas.
(Mi amiga)
Mi amiga, la que está sentada, sigue un curso de matemáticas.

1. Tengo una profesora cuyo <u>esposo</u> es biólogo.

2. ¿Dónde están <u>los primos</u> de Jorge, los que ayer fueron a la conferencia?

3. <u>La muchacha</u> con quien vivo acaba de volver de la biblioteca.

4. Lo <u>interesante</u> será saber la opinión del arquitecto.

5. ¿Puede llevarnos <u>al colegio</u> detrás del cual hay un parque?

EJERCICIO 5 You will hear eight incomplete statements. Complete them by circling the word that best fits each statement, following the model. The statements will be read twice.

MODELO: Un lugar donde se venden libros es...

una biblioteca	una librería	una tienda
1. una página	un poema	un cuento
2. moneda	tela	humor
3. observar	coser	tejer
4. un carácter	un personaje	el autor
5. crear	copiar	escribir
6. retratos	pinturas	dibujos
7. tiempo	carácter	persona
8. una novela	una escultura	una carta

EJERCICIO 6   You will hear nine brief descriptions of important Hispanic artists, writers, or scientists.   For each one, you are given two possible answers.   Circle the name of the person that corresponds to the description you hear.   Follow the model.

MODELO: Músico español; famoso violoncelista y director de orquesta.   Murió en
          1973...

          Julio Iglesias   (Pablo Casals)

   Juan Perón   Luis Buñuel

   iguel de Cervantes   Miguel de Unamuno

   blo Neruda   Gabriel García Márquez

   leta Parra   Joan Baez

   ía Luisa Bemberg   Carolina Herrera

   icia Alonso   Sor Juana Inés de la Cruz

   ablo Picasso   Francisco José Goya

   ésar Milstein   Augusto Roa Bastos

   úl Alfonsín   Antonio Gaudí y Cornet

¿Dónde están los poetas?

¿Dónde están los poetas?	
Los poetas, ¿por dónde andarán?	
Cuando cantan y nadie los oye	
es señal* de que todo anda mal.	*sign*
Si están vivos los premia el olvido,*	*los... neglect is their reward*
pero a algunos quizás les harán	
homenajes* después que se mueran,	*homage*
en la cárcel* o en la soledad.	*prisión*
¿Quiénes son los poetas?	
Los testigos* de un mundo traidor.	*witnesses*
Ellos quieren salir a la calle	
para hacer la revolución,	
y en la esquina se van por las ramas*	*se... they start beating*
donde un pájaro se les voló.	*the bush*
Y se encierran* de nuevo en sus libros	*se... they lock themselves*
que no encuentran lector ni editor.	*bury themselves*
Y quizás los poetas	
no se venden ni mienten jamás.	
Es posible que a veces alquilen	
sus palabras por necesidad,	
o que un par de ilusiones perdidas	
cada día las cambien por pan.	
Pero son la conciencia de todos	
y ratones de la eternidad.	
Aquí están los poetas	
ayudándonos a suspirar.*	*wish, long for things*
Aquí están los poetas	
ayudándonos a suspirar.	
Aquí están los poetas	
ayudándonos a suspirar.	

Now you will hear eight statements based on the song. Circle V (verdadero) if t statement is true, and F (falso) if it is false. Each statement will be read twice.

1. V   F   5. V   F

2. V   F   6. V   F

3. V   F   7. V   F

4. V   F   8. V   F

CAPÍTULO 1

EJERCICIO 1

1. Él (Ella, Usted)
2. Nosotros
3. Tú
4. Ellos (Ellas, Ustedes)
5. Yo
6. Ellos (Ellas, Ustedes)

EJERCICIO 2

1. ellos
2. vosotros
3. ellas
4. nosotros
5. nosotras
6. ustedes

EJERCICIO 3

1. Los muchachos van a clase mientras Susana practica el piano.
2. Juan toca la guitarra mientras sus hermanos juegan al béisbol.
3. Tú escribes una carta mientras ella escucha música.
4. Papá y mamá duermen la siesta mientras yo veo televisión.
5. Nosotros damos un paseo mientras él piensa en el baile de mañana.

EJERCICIO 4

1. paseo
2. asiste
3. piensas
4. jugamos
5. Siguen
6. puede
7. voy
8. están

EJERCICIO 5

1. la; las ciudades
2. el; los discos
3. la; las actrices
4. jugamos
5. el; los exámenes
6. el; los días
7. la; las canciones
8. el; los programas
9. la; las turtulias
10. el; los cines

EJERCICIO 6

1. la bailarina
2. la artista
3. la compañera
4. la joven
5. la jugadora
6. la cantante

EJERCICIO 7

1. b   2. d   3. f   4. e   5. g   6. c   7. a

EJERCICIO 8

1. músico   2. jugar   3. compañero   4. mirar

EJERCICIO 9

1. vuelven
2. pide
3. Tienes
4. nado
5. leemos
6. empieza
7. dice
8. conozco

EJERCICIO 10

1. peña / tocar / cantar
2. pasear / acompañar / jugar
3. contar chistes / fiestas / baila
4. película / actores / actrices

EJERCICIO 11

1. Marta toca la guitarra.
2. Luis canta.
3. Beatriz pinta un cuadro.
4. Roberto y José juegan al fútbol.
5. María y Eduardo juegan al tenis.
6. Mario y Alberto charlan.

EJERCICIO 12

1. toca
2. asistir
3. ayudas
4. juego
5. sabe
6. Conoces

EJERCICIO 13

1. Es músico.
2. Es una cantante famosa.
3. Son bailarines.
4. Escribo otro poema.
5. Leemos una novela emocionante.

EJERCICIO 14

El / los / el / el(un) / el(un) / el(un) / la / los / los / la / el(un) / El / la / los / la / las / un / un / la / las / las / El / las

EJERCICIO 15

se llama / Se llama / se aburre / te aburres / nos reunimos / me divierto / te pones / divertirnos

EJERCICIO 16

Horizontales

1. peña
2. teatro
5. jugar
6. actriz
8. tocar
10. tú
11. revistas
14. los
15. dan
17. leer

Verticales

1. poema
3. por la tarde
4. gozar
5. jugador
7. cartas
8. tenis
9. cantar
12. él
13. voy
16. ar

206

EJERCICIO 17

1. ¿Tienes ganas de ir de compras?
2. Él sabe gozar de la vida; siempre lo pasa bien (siempre se divierte).
3. Mi compañera de cuarto pinta cuadros, nada, o escribe poemas en sus ratos libres.
4. Los Flores están entusiasmados con la película. ¡Es una película emocionante!
5. Vamos a cantar, bailar y contar chistes en la fiesta.
6. Hago ejercicios por la mañana y doy un paseo por la tarde.
7. ¿Quieres jugar a las cartas o prefieres tocar la guitarra ahora?

CAPÍTULO 2

EJERCICIO 1

1. El juego empezó temprano esta mañana.
2. ¿Dijo usted eso en un velorio ayer?
3. Tú supiste la verdad la semana pasada.
4. ¿Cuántos años cumplieron ellas el mes pasado?
5. Tío y tía viajaron a Europa hace un año.

EJERCICIO 2

1. El mes pasado también fueron a una fiesta de cumpleaños.
2. La semana pasada sus hijos también anduvieron en bicicleta.
3. El año pasado mi novio también enseñó en Manchester.
4. Ayer también dimos un paseo por el parque.
5. En 1984 también visitó Chile con un amigo.

EJERCICIO 3

1. No, pero el martes pasado vine aquí sola.
2. No, pero anoche fuimos al cine.
3. No, pero la semana pasada trajeron chocolates.
4. No, pero el año pasado estuvo embarazada.
5. No, pero el otro día pidieron dinero.

EJERCICIO 4

1. Antes el abuelo veía a su nieto todos los fines de semana.
2. Cuando eran niños, los hijos de mi compadre eran muy bien educados.
3. El semestre pasado tú estudiabas de noche, ¿no?
4. De niños, mi hermano y yo íbamos a casa de abuela los fines de semana.
5. ¿Buscabas a papá hace unos minutos?

EJERCICIO 5

1. Ahora no, pero antes yo tocaba la guitarra todos los días.
2. Ahora no, pero antes yo gozaba de buena salud.
3. Ahora no, pero antes ella pedía consejos frecuentemente.
4. Ahora no, pero antes él iba al cementerio una vez por mes.
5. Ahora no, pero antes ellos tenían tres autos.

EJERCICIO 6

1. Eran las diez cuando tú llamaste por teléfono.
2. Estabas con Marta cuando vino tu primo.
3. Iban a la universidad cuando tuvieron el accidente.
4. Dormían cuando sus hijos lleva̶r̶o̶n̶ el auto al mecánico.
5. ̶ ̶ ̶ ̶ ̶ ̶ ̶ ̶ ̶mos una carta de él.
   ̶ ̶ ̶ ̶ ̶eron mis bisabuelos.

EJERCICIO 7

Cuando yo era joven fumaba mucho.
Ella sólo tenía veinte años cuando se casó.
El año pasado nosotros fuimos a México y ustedes vinieron aquí.
Mientras mi esposa lloraba, yo rezaba a Dios.
La semana pasada Ignacio supo que su papá estaba enfermo.
Eran las once cuando yo llegué.

EJERCICIO 8

| 1. conoció a | 3. supo | 5. Sabías | 7. sabía |
| 2. Sabía | 4. conocieron | 6. sabía | 8. conocimos a |

EJERCICIO 9

a. 1. Hace tres semanas que cumplí quince años.
      Cumplí quince años hace tres semanas.
   2. Hace nueve meses que Ana y Pedro se casaron.
      Ana y Pedro se casaron hace nueve meses.
   3. Hace dos años que fuimos (fueron) a Nueva York.
      Fuimos (Fueron) a Nueva York hace dos años.
   4. Hace dos horas que llamé al novio de Teresa.
      Llamé al novio de Teresa hace dos horas.
   5. Hace pocos días que conocimos (conocieron) al tío de Esteban.
      Conocimos (Conocieron) al tío de Esteban hace pocos días.
b. 1. Corremos por el parque desde hace media hora.
      Hace media hora que corremos por el parque.
   2. Abuela reza todos los días desde hace mucho.
      Hace mucho que abuela reza todos los días.
   3. Conozco a Miguel desde hace cinco meses.
      Hace cinco meses que conozco a Miguel.

4. Gozan de buena salud desde hace más de diez años.
   Hace más de diez años que gozan de buena salud.
5. Está embarazada desde hace unos tres meses.
   Hace unos tres meses que está embarazada.

EJERCICIO 10

1. Hacía dos años que tenía cáncer cuando murió.
2. Hacía veinte minutos que esperábamos cuando empezó el concierto.
3. Hacía media hora que dormía cuando escuché el teléfono.
4. Hacía un mes que íbamos (iban) a la universidad cuando conocimos (conocieron) a Ana

EJERCICIO 11

1. ¿Cuánto tiempo hace que vives en el mismo apartamento o casa?
2. ¿Cuánto tiempo hace que viniste a la universidad?
3. ¿Qué hacía usted hace dos horas?
4. Hacía mucho tiempo que no bailaba.
5. Hace muchos años que no lloro.

EJERCICIO 12

1. Luis
2. marido de Ana
3. padres de Luisito
4. dos nietos
5. esposa de José Luis
6. una hija soltera
7. bisabuelos de Anita
8. una bisnieta

EJERCICIO 13

1. b   2. d   3. e   4. c   5. a   6. f   7. g

EJERCICIO 14

1. sabía / conocía
2. preguntamos / pedimos
3. parientes / padres
4. enseñar / aprender
5. está casada / está embarazada
6. matrimonio / marido

EJERCICIO 15

vivía / tenía / se llamaba / fueron / pusieron / empezaron / pasaban / oyeron / reían /pensó / dijo / podía / quería / se subió / vieron / miraba / bajó / montó / escucharon / hablaba / decía / parecía / iba / dio / dijo / era / podía / era / aconsejó / quería / debía / era

EJERCICIO 16

1. Ayer cumplí veintidós años. ¿Cuántos años tienes tú?
2. Mis antepasados vinieron a este país en el siglo dieciocho, hace doscientos años.

3. Estábamos solos (solas) en la casa cuando entró el Sr. López, el viudo.
4. Fuimos a un velorio anoche; todos nuestros parientes estaban allí.
5. Conozco a un matrimonio joven. Sólo tienen un hijo.
6. El niño es muy bien educado.

CAPÍTULO 3

EJERCICIO 1

1. lindos
2. interesantes
3. cortos
4. cubanos
5. típicas
6. magníficas

EJERCICIO 2

1. Sí, fui en un avión grande y cómodo.
2. Sí, compré varios regalos típicos.
3. Sí, salí con tres amigos puertorriqueños.
4. Sí, visité dos museos impresionantes.
5. Sí, estuve en una iglesia antigua y maravillosa.
6. Sí, vi muchos parques pintorescos en San Juan.

EJERCICIO 3

ocho horas / primera ciudad mexicana / varios días / único hotel / cuartos libres / dos calles más importantes / un poncho muy lindo / correo central / una maleta grande / muchos juguetes típicos

EJERCICIO 4

1. es
2. soy
3. está
4. son
5. es
6. está
7. estoy
8. Son
9. Es
10. es
11. está
12. está

EJERCICIO 5

1. No, Buenos Aires no es la capital de Paraguay.
2. Sí, los viajeros están en el aeropuerto.
3. No, la cita con el profesor no es a las nueve.
4. Sí, Oscar y Eduardo están en una fiesta cubana.
5. No, el pasaporte de Ana no está sobre el piano.
6. Sí, la mesa nueva es de madera.

EJERCICIO 6

son / están / son / es / es / está / Es / está / es / son / son / están / son / somos / estoy / es / soy

EJERCICIO 7

1. aquel autobús; aquél
2. estos pasajes; éstos
3. esa revista; ésa
4. aquellas bicicletas; aquéllas
5. esta ciudad; ésta
6. esas cartas ; ésas

EJERCICIO 8

1. su vuelo; el vuelo suyo
2. sus pasajes; los pasajes suyos
3. nuestra calle; la calle nuestra
4. sus pasaportes; los pasaportes suyos
5. sus amigas; las amigas suyas
6. nuestros problemas; los problemas nuestros

EJERCICIO 9

1. Este viaje es un poco incómodo.
2. Aquella señora perdió dos maletas grandes.
3. Nuestros amigos chicanos piensan viajar a Colombia.
4. ¿Hay muchos indocumentados en esos estados?
5. Tu padre trabajó duro la mayor parte de su vida.

EJERCICIO 10

viajero / ciudadano / aventura / pasaje / en avión / país / viaje / antiguo /
nuestro / maravillosa / ciudad / descendiente / único / emigración

EJERCICIO 11

1. Los habitantes de ese pueblo son de origen mexicano.
2. ¿Extrañas tu antiguo barrio?
3. Tengo una cita breve a las nueve.
4. Él no fue en (por) avión; fue en (por) auto (coche, carro).
5. Es un sitio (lugar) hermoso y único.
6. Mi amigo Ramón es de origen puertorriqueño.
7. Ese pueblo—Salinas—está al oeste de aquí; es un lugar (sitio) agradable.
8. Quiero un pasaje de ida y vuelta a Guadalajara en un tren rápido.

EJERCICIO 12

Horizontales

4.	oeste	17.	caminar
6.	extrañar	18.	bailé
7.	toro	20.	no
9.	viaje	21.	tú
11.	malo	22.	jai alai
13.	maleta	23.	disco
14.	cita	25.	cinco

Verticales

1.	este	12.	lata
2.	norte	14.	cine
3.	casi	15.	hijo
5.	sur	16.	béisbol
8.	camino	19.	la
9.	volar	21.	típico
10.	autobús	24.	coche

CAPÍTULO 4

EJERCICIO 1

1. harán
2. leeré
3. Querrán
4. sabré
5. podrá
6. votaré
7. ganaremos
8. vendrá

EJERCICIO 2

1. ayudará a los pobres
2. tendrá más escuelas
3. perseguiré a los comunistas
4. importaremos más productos extranjeros
5. respetaré el voto de los estudiantes
6. apoyará la libertad de prensa
7. eliminaremos la anarquía

EJERCICIO 3

1. No lo sé, vendrán por avión.
2. No lo sé, serán las seis.
3. No lo se, irán al Congreso.
4. No lo sé, votarán por Ana Gutiérrez.
5. No lo sé, tendrá unos sesenta años
6. No lo sé, estudiará por la noche.
7. No lo sé, habrá una manifestación.

EJERCICIO 4

1. Sí, pensó que vería al diputado.
2. Sí, creyeron que ganarían en las elecciones.
3. Sí, dije que no votaría por los republicanos.
4. Sí, usted prometió (tú prometiste) que apoyaría(s) al candidato liberal.
5. Sí, afirmaron que combatirían la inflación.

EJERCICIO 5

1. habrá / habría
2. triunfarán / triunfarían
3. vendrá / vendría
4. podrán / podrían
5. saldrá / saldría

EJERCICIO 6

1. Tú sabrás la verdad.
2. Sus padres serán ricos.
3. Serían las diez cuando te llamé.
4. No come porque no tendrá hambre.
5. Lo hizo porque querría hacerlo.

EJERCICIO 7

1. Hay tantos libros en la mesa como en la silla.
2. El señor Ordóñez ricibió más votos que el señor Ibarra.
3. La calle Colón es más larga que la calle Rincón.
4. Teresa está tan feliz como María.
5. El auto de papá es más viejo que el (auto) del presidente.
6. Hay tantas muchachas como muchachos en la cola.

EJERCICIO 8

1. Pero los López tienen menos dinero.
2. Pero mi esposa escribe mejor.
3. Pero tu adversario habló con más políticos.
4. Pero la dictadura es peor.
5. Pero sus amigos viajaron menos.
6. Pero Uruguay es más pequeño.

EJERCICIO 9

1. más
2. tantas
3. que
4. como
5. menos
6. tan
7. que
8. de

EJERCICIO 10

1. la ciudad más interesante de
2. los muchachos más simpáticos de
3. la universidad más grande del
4. los estudiantes más inteligentes de
5. los profesores más jóvenes de
6. el mejor equipo del

EJERCICIO 11

1. ¡Lindísimo!
2. ¡Simpatiquísimos!
3. ¡Larguísimas!
4. ¡Malísimo!
5. ¡Baratísimos!
6. ¡Riquísima!
7. ¡Grandísima!
8. ¡Interesantísima!

EJERCICIO 12

1. campaña
2. gobiernos
3. monarquías
4. democracia
5. rey
6. socialismo
7. actual
8. gobernadores

EJERCICIO 13

1. el voto / la votación
2. la cuestión
3. la seguridad / el seguro
4. la elección
5. la manifestación
6. la pregunta
7. la reunión
8. la decisión
9. el representante / la representación
10. el golpe

EJERCICIO 14

1. Ella es la político más inteligente del partido.
2. Esa dictadura será (es probablemente) la más antigua del mundo.
3. Sabían que los americanos no apoyarían a la oposición.
4. Todo el mundo pensaba que habría un golpe de estado.
5. En realidad, son más honrados (honestos) que sus (tus) amigos.
6. Fue el peor rey de la historia.

CAPÍTULO 5

EJERCICIO 1

1. quiera seguir ingeniería
2. desees trabajar todo el verano
3. piesen ir a clase mañana
4. sea exigente
5. estudie español todos los días
6. leamos La divina comedia en la clase de literatura

EJERCICIO 2

1. b   2. b   3. b   4. c   5. a   6. a   7. b   8. b

EJERCICIO 3

1. ¿Quiere que la profesora hable con su consejero?
2. Esa señora prohíbe que sus hijos lean novelas de misterio.
3. Me alegro (de) que ustedes sigan ese curso.
4. Niegan que la nota tenga importancia.
5. ¿No temes que ellos fracasen en esa materia?
6. Dudo que los cursos de filosofía sean difíciles.

EJERCICIO 4

1. juegues   3. vayas   5. tengas   7. coman
2. miren   4. hagas   6. comprendamos   8. triunfen

EJERCICIO 5

1. d   2. f   3. a   4. i   5. g   6. b   7. c   8. j
9. e   10. h

EJERCICIO 6

1. todos los profesores sean exigentes
2. los estudiantes pasen todo su tiempo en la biblioteca
3. tu compañero de cuarto sólo piense en ganar dinero
4. la comida de la cafetería universitaria sea horrible
5. tengas que leer mil páginas por semana para filosofía
6. en español aprendan cien palabras nuevas por día

EJERCICIO 7

1. tengan
   tienen el examen hoy
2. hay
   haya buenos y malos profesores
3. sepan
   sepan la verdad
4. estás
   estés contenta
5. podemos
   podamos ir
6. escriba
   escribo poemas románticos
7. aprende
   aprenda mucho
8. es
   sea muy bueno

EJERCICIO 8

1. a. jugar (al) tenis
   b. sea doctora (médica)
2. a. ser doctora (médica)
   b. lea un cuento (un libro, una historia)

3. a. ir a la librería (comprar libros)
   b. está en la biblioteca

EJERCICIO 9

conozcas / seamos / podamos / caminemos / debemos / dormir / voy / estar /
bajes / soy / dar / llames / levantes / sigas / sea / actuar

EJERCICIO 10

1. Espero que (ellos) no fracasen en el examen final.
2. ¡Qué sorpresa! Él insiste en que comamos con ellos.
3. Él quiere que me especialice en ciencias de computación.
4. Es un asunto difícil; no creo que podamos comprenderlo (entenderlo).
5. Siento que (ellos) no puedan seguir esos cursos.

EJERCICIO 11

Horizontales

1.	novio	25.	Poe
4.	miraba	26.	paso
9.	notar	28.	pasaje
10.	nacer	29.	es
11.	lavo	31.	lento
12.	gato	33.	sur
16.	ame	34.	ir
17.	enseñar	35.	oro
20.	tener miedo	36.	feo
	de	37.	taco
24.	tus		

Verticales

2.	vino	16.	abuela
3.	hora	18.	agradable
4.	malo	19.	nieto
5.	irá	21.	notas
6.	año	22.	duermo
7.	al	23.	casarse
8.	coche	25.	peón
9.	negar	27.	siguió
13.	pequeño	28.	perro
14.	este	30.	vida
15.	bajos	32.	tío

CAPÍTULO 6

EJERCICIO 1

1. Los seguirás
2. Lo visitarás
3. Las pagarás a tu regreso
4. Me llamarás desde Madrid
5. Las mandarás
6. La verás
7. No los traerás
8. La harás

EJERCICIO 2

1. Lo discutimos anoche.
2. Los compró tía Rosa. (Tía Rosa los compró.)
3. La pagué con un cheque de viajero.
4. Me vas a ver en la parada.
5. Lo (La, Te) visito mañana.
6. Los (Las, Os) busca el gerente.
7. Las llevaron (llevamos) a la estación.
8. La anuncian esta tarde.

EJERCICIO 3

1. Le ofrecemos un viaje gratis.
2. No les das mucha propina.
3. ¿Me prohíbes hablar con los huéspedes?
4. Te pagamos el pasaje.
5. ¿Le llevas el equipaje?
6. No les damos mapas.
7. ¿Nos busca un buen guía?
8. No le permiten cruzar la rrontera.

EJERCICIO 4

Les / le / me / les / nos / le / Me / Te / me (nos)

EJERCICIO 5

1. quiero contestarlas
   las quiero contestar
2. prometemos dejarle propina
   le prometemos dejar propina
3. no pienso mandarles un telegrama
   no les pienso mandar un telegrama
4. puedo pedirle un mapa
   le puedo pedir un mapa
5. preferimos visitarlo hoy
   lo preferimos visitar hoy
6. no quiero dejarla aquí
   no la quiero dejar aquí

EJERCICIO 6

1. al guía
2. el pasaporte
3. los boletos
4. las maletas
5. la cuenta
6. a ustedes
7. a nosotros
8. a ti

EJERCICIO 7

1. Sí, se la expliqué.
2. Sí, te los puse en la cartera.
3. Sí. (ellos) nos lo reservaron.
4. Sí, se los dejé.
5. Sí, (ella) me las dio.
6. Sí, se lo mandé.

EJERCICIO 8

1. (con)tigo; ellos
2. ellas; nosotros
3. tú; él; él

4. él; (con)migo
5. ellas; ellos
6. ella; yo

EJERCICIO 9

1. ellos (ustedes)
2. usted; mí

3. nosotras; ella
4. ti

EJERCICIO 10

1. No, no vaya a la playa ahora.
2. No, no saquen fotos en este museo.
3. No, no compre regalos en el aeropuerto.
4. No, no pongan las maletas en el taxi.
5. No, no busque un hotel de lujo.
6. No, no paguen con cheques de viajero aquí.
7. No, no pidan cuartos dobles.
8. No, no mande libros por correo aéreo.

EJERCICIO 11

1. no hable usted; no hables
2. cruce usted; cruza
3. venga usted; ven
4. haz; haga usted
5. no digas
6. no tarde usted

7. explica; explique usted
8. tenga usted; ten
9. no pongas
10. no salgas
11. no vaya usted; no vayas

EJERCICIO 12

1. cheques; tú
2. boleto; usted
3. No es un mandato.
4. calle; usted

5. cuenta; usted
6. estampillas; tú
7. regalo; tú
8. No es un mandato.

EJERCICIO 13

1. se los compres
2. Llamémosla
3. Cómprenlos

4. Dásela
5. Expliquémoselo

EJERCICIO 14

1. No me (se) los traiga hasta mañana.
2. No me lo dejes hasta mañana.
3. No la visiten hasta mañana.

4. No me lo expliques hasta mañana.
5. No los cambien hasta mañana.
6. No me (lo) llame hasta mañana.
7. No me lo pidas hasta mañana.

EJERCICIO 15

1. Tiene mi maleta (valija)... ¡Síganlo, por favor!
2. Primero (En primer lugar), llevemos nuestro equipaje al hotel.
3. El (La) guía nos explicó la diferencia entre una "pensión" y un "hotel".
4. Sé su dirección. El autobús (ómnibus, bus, camión) tardará unos (más o menos, aproximadamente) veinte minutos en llegar allí.
5. Los López salen (se marchan, se van, parten) mañana. Van de vacaciones a Chile.

EJERCICIO 16

1. el correo central
2. correo central; el tribunal
3. tribunal; la librería
4. librería; la iglesia
5. iglesia; el cine
6. cine; la policía
7. policía; Hotel Continental

CAPÍTULO 7

EJERCICIO 1

1. ¿Te faltan cincuenta pesos?
2. No le interesa viajar.
3. ¿Les gustan los frijoles refritos?
4. No me importan tus problemas.
5. Le falta ropa elegante.
6. No les gusta bailar.
7. Nos encanta la comida griega.
8. ¿Te interesan las películas francesas?

EJERCICIO 2

1. les gusta el profesor
2. me faltan papas
3. te interesa el programa
4. le importan esos temas
5. les encantan las fiestas
6. le gustan las matemáticas
7. me interesa tu opinión
8. nos encanta dormir

EJERCICIO 3

1. b   2. d   3. b   4. a   5. a   6. d   7. c   8. a
9. c   10. b   11. d   12. c

EJERCICIO 4

1. ¿Nunca hablas de amor?
2. No soporto a nadie.
3. Ni bien ni mal estamos.

4. No son locos tampoco.
5. Ninguna me gusta.

EJERCICIO 5

1. nadie tiene hambre.
2. cocino siempre.
3. no queremos ir con ningún amigo.
4. nunca traté de hablar de esos problemas con nadie.
5. pienso llevar (o) el paraguas o el impermeable.

EJERCICIO 6

1. Ellos llevaron corbata también.
2. Allí siempre va alguien después de las diez de la noche.
3. Aparentemente alguno de ustedes dijo algo.
4. Ella siempre tiene celos de alguien.

EJERCICIO 7

En general puedo concentrar mi atención en algo cuando no estoy triste.
Pero hoy no me siento bien porque anoche no hice nada interesante.
Después de tomar un café, ni voy a tratar de escribir la composición para español
ni voy a hacer ninguna otra cosa constructiva. En fin, no estoy inspirada y
por eso no tengo ganas de hacer nada especial.

EJERCICIO 8

1. No conozco a ningún profesor que hable japonés y portugués.
2. No hay niños que molesten todo el día.
3. No tiene amigos que quieran trabajar.
4. No vemos nada que queramos comer.
5. No estudian con nadie que esté enamorado de Isabel.

EJERCICIO 9

está / tiene / sabe / puede / sea / piense / sienta / tenga / manejan / salgo /
tiene / está / lleve / vive

EJERCICIO 10

1. No, preferimos una ensalada que tenga sólo verduras.
2. No, necesita un secretario que sepa italiano y español.
3. No, busco una blusa que vaya con estos pantalones.
4. No, prefiero una chaqueta que tenga dos bolsillos.
5. No, deseamos ir a un restaurante donde siempre haya poca gente.

EJERCICIO 11

1. viajes
2. sean felices
3. no cocine
4. lloren
5. tengamos hambre

EJERCICIO 12

1. Alberto te prepara platos especiales para que tú estés loca por él.
2. Puede llevar mi auto en caso de que usted tenga prisa por llegar temprano.
3. Vas a ir a jugar con tu amiga, Susanita, con tal de que primero pruebes la sopa.
4. Elena no piensa salir con Roberto a menos que yo vaya con ellos.
5. Generalmente no vamos al cine sin que papá y mamá vengan con nosotros.

EJERCICIO 13

1. tan pronto como podamos
2. cuando lo sepa
3. después de que salgas
4. hasta que ella venga
5. en cuanto la veamos

EJERCICIO 14

1. Ella no disfruta (goza) de la conversación porque tiene hambre.
2. Me probé los zapatos pero no me gustaron.
3. Conocemos a alguien que siempre tiene prisa.
4. Mamá y papá dijeron que (yo) estaba loco(-a) cuando me vieron con el (mi) sombrero nuevo (nuevo sombrero).
5. No conozco a nadie que tenga tantos celos (que sea tan celoso) como él.
6. "No dormiré hasta que llames", dijo ella. "Por favor trata de llamarme tan pronto como llegues".

EJERCICIO 15

1. c   2. d   3. e   4. a   5. f   6. b

EJERCICIO 16

<u>Sample answers:</u>

1. Usted comió antes que José pagara la cuenta.
2. Siempre llegamos cuando ellos duermen.
3. Saliste después que ella llamó.
4. Voy a estar en casa hasta que usted venga.
5. Aquí está el dinero para que tú compres los dulces.
6. Él no va a comer nada aunque tenga hambre.

CAPÍTULO 8

EJERCICIO 1

1. se acostaron
2. me olvidé
3. se aburre
4. se callaron (nos callamos)
5. te acuerdas
6. nos encontramos
7. nos quejamos
8. se despidieron

EJERCICIO 2

me levanté / se despertaron / nos desayunamos / se levantó / fue / se dio cuenta / se vistieron / dijeron / fueron / me pregunté / te divertiste / me quejé / te reuniste / te olvidaste / me puse / dormí / se rieron / me sentí / se dieron cuenta / se callaron / me río

EJERCICIO 3

1. me
2. ___
3. ___
4. se
5. ___
6. ___
7. ___
8. te
9. se
10. nos

EJERCICIO 4

1. No se preocupe por eso.
2. Acuérdese de mí.
3. No se despida todavía.
4. Levántense temprano.
5. No se enojen.
6. Háganse ricos pronto.
7. No te quejes de la comida.
8. Cállate, por favor.
9. Quédate unos minutos más.
10. Opongámonos a esa idea.
11. No nos equivoquemos.
12. No nos arrepintamos de esto.

EJERCICIO 5

1. ¡No nos reunamos en el parque hoy!
2. ¡No se vista de azul hoy!
3. ¡No se equivoquen hoy!
4. ¡No se quede en casa hoy!
5. ¡No te pongas los zapatos viejos hoy!

EJERCICIO 6

1. se querían / nos queremos
2. se besaban / os besáis
3. se hablaban / nos hablamos
4. se conocían / nos conocemos
5. se ayudaban / os ayudáis
6. se comprendían / nos comprendemos
7. se insultaban / nos insultamos
8. se necesitaban / os necesitáis

EJERCICIO 7

1. Sí, se habla de los Estados Unidos en esos países.
2. No, no se permite comer carne allí.
3. Sí, se trabaja mucho en esta clase.

4. Sí, se come bien aquí.
5. No, no se puede tomar whisky después de las 10 p.m.
6. Sí, se dice que el presidente está loco.

EJERCICIO 8

1. Se producen muchos vegetales.
2. Se necesitan estudiantes y profesores de español.
3. No se ven películas pornográficas.
4. No se toma agua sino vino.
5. Se oye música todo el día.
6. No se practica ninguna religión.
7. Se busca presidente(a) joven y dinámico(a).
8. No se lee *The New York Times*.
9. Se encuentran las frutas más deliciosas.
10. No se paga matrícula porque... ¡la universidad es gratis!

EJERCICIO 9

1. No se invitó a mi hermana. No se la invitó.
2. No se ayudó a las gitanas. No se las ayudó.
3. No se saludó a los vecinos. No se los saludó.
4. No se besó al niño. No se lo besó.
5. No se oyó a los policías. No se los oyó.

EJERCICIO 10

1. Se te perdieron las llaves del auto.
2. Se le rompieron los platos.
3. Se les olvidó el cumpleaños de abuela.
4. Se nos terminó el vino.
5. Se le perdió la carta de su novia.

EJERCICIO 11

1. Se lavan todas las frutas (tres manzanas, dos naranjas, un limón).
2. Se cortan las frutas en pedazos pequeños.
3. Se ponen las frutas cortadas en un recipiente grande.
4. Se agregan dos litros de vino tinto, dos litros de "Seven-Up" y un litro de jugo de naranja.
5. Se revuelve todo con una cuchara grande.
6. Se pone la bebida en el refrigerador unas seis horas.
7. Se sirve esta sangría deliciosa a todos los presentes.

EJERCICIO 12

1. divertirse, gozar, disfrutar, pasarlo bien
2. callar, callarse
3. ponerse, quitarse
4. equivocarse, errar
5. reunirse, conversar, divertirse

6. dudar
7. encontrar, encontrarse
8. sentar, sentarse, comer, estudiar
9. viajar, conocer, disfrutar, pasear
10. preocuparse

EJERCICIO 13

1. F   2. V   3. F   4. V   5. V   6. F   7. V

EJERCICIO 14

Horizontales

2. elegir	18. de
6. irse	19. tribunales
7. maíz	22. la
8. sitio	23. caer
9. criminal	26. romano
12. sal	27. raza
13. calla	19. preocuparse
15. mis	

Verticales

1. maya	16. bailar
3. las	17. gitano
4. gato	18. del
5. ríos	20. arroz
6. inca	21. abogado
10. mulato	24. café
11. di	25. orden
14. aburrir	28. pan
15. mesas	

EJERCICIO 15

1. Le pregunté qué hora era; me preguntó por qué no contestó (respondió).
2. En ese momento me di cuenta de que iban a realizar su plan.
3. No nos quejemos; sólo callémonos.
4. A él le gusta la comida picante; a ella le gustan los tacos y las enchiladas.
5. Se preocupan demasiado.
6. Se hicieron muy ricos. (*or*) Llegaron a ser muy ricos.
7. Me callé; mi esposa se puso nerviosa.
8. Se encontraron en el restaurante, se dieron la mano y se sentaron a comer.

CAPÍTULO 9

EJERCICIO 1

1. fuéramos	5. descansaba	8. dijera
2. estuvieran	6. tenían	9. lloviera
3. dejara	7. hubiera	10. pudieran
4. hiciera		

EJERCICIO 2

1. me cuidara	5. se lastimaba	8. trajera
2. vinieran	6. podía	9. iba
3. quisieran	7. estuviéramos	10. volviera
4. me quebrara		

EJERCICIO 3

1. Conocíamos a alguien que tenía esos mismos síntomas.
2. Había gente que nunca iba al médico.
3. ¿Necesitabas algo que te relajara?
4. Buscaban al curandero que vivía en aquella casa.
5. ¿Querías un suéter en caso de que hiciera fresco?
6. No conocía a nadie que se cuidara tanto como ella.

EJERCICIO 4

1. lo sepan tus padres
2. lo supieran tus padres
3. prometan no fumar
4. prometieran no fumar
5. llueva
6. lloviera

EJERCICIO 5

1. Si comieran más vegetales y frutas, probablemente también vivirían más.
2. Si leyeran con buena luz, evitarían los dolores de cabeza.
3. Si no fumaran, se sentirían mejor.
4. Si descansaran más, podrían aprender más rápidamente.
5. Si no tomaran tanto café, no tendrían la presión tan alta.
6. Si no durmieran tan poco, no estarían cansados todo el tiempo.
7. Si hicieran yoga, aprenderían a relajarse.
8. Si no pusieran tanta sal en las comidas, no tomarían tantos líquidos.
9. Si evitaran las bebidas alcohólicas, bajarían de peso.
10. Si siguieran mis consejos, serían sanos y felices.

EJERCICIO 6

1. quisieras
2. podrían
3. sigue
4. nevara
5. tienen
6. fueran
7. acabara
8. estuviera

EJERCICIO 7

1. Generalmente
2. relativamente / solamente
3. exactamente
4. rápidamente
5. lenta, precisa y cuidadosamente
6. perfectamente
7. clara y correctamente
8. Sinceramente / Personalmente
9. prácticamente
10. justamente / gustosamente

EJERCICIO 8

1. bastante / bastantes / bastante / bastantes / bastante
2. demasiados / demasiado / demasiadas / demasiado / demasiado
3. pocos / poca / poco / poca / poca / poco

EJERCICIO 9

1. Al llegar
2. al acabar
3. A tomar
4. al empezar
5. A descansar
6. Al bajar

EJERCICIO 10

1. La señora viajó a ese lugar para ver a sus amigos.
2. Graciela no fue a trabajar hoy por no sentirse bien.
3. ¿Nadaste ayer hasta cansarte?
4. Plantaron tomates y papas antes de vender la casa de campo.
5. Estoy muy contento de saber que te divertiste en la playa.

EJERCICIO 11

1. ¿Me prohíbes consultar con mi médico?
2. Nos mandaron tomar varios medicamentos.
3. No les permito salir sin mi autorización.
4. ¿Nos mandan hacer eso?
5. Le prohibimos ir a un acupunturista.

EJERCICIO 12

1. ¡Acabamos de llegar aquí!
2. La película acabó bien.
3. Hace mucho frío y no trajimos chaquetas. Creo que nuestras vacaciones van a acabar mal.
4. ¿Es verdad que acabas de curarte de una gripe terrible?
5. Tiene que ir a la farmacia porque se le acabaron las aspirinas.
6. ¿Acaban de llamar (ustedes) a la enfermera?

EJERCICIO 13

1. a   2. a   3. c   4. c   5. b

EJERCICIO 14

1. droga	3. pastilla	5. enfermo	7. dieta
2. pie	4. acabar	6. evitar	8. sencillo

EJERCICIO 15

1. campo	3. frío	5. poca
2. verano	4. permite	6. subir

EJERCICIO 16

1. Acaba de llover.
2. Ella temía (tenía miedo de) que su hijo se lastimara.
3. En el otoño había niebla y hacía fresco aquí.
4. Supimos que (ustedes) irán al campo en julio.
5. Él no mejorará (va a mejorar) a menos que tome esas medicinas (esos medicamentos, esos remedios).
6. Al ver la playa, nos bajamos del auto para caminar.

EJERCICIO 17

Horizontales

1.	nunca	25.	Ramona
4.	doce	27.	co
8.	da	28.	sanas
10.	haber sol	29.	ele
14.	iremos	30.	cae
15.	sal	33.	intervino
16.	rehén	35.	sangre
19.	rómpela	37.	leerá
21.	joya	38.	hierbas
23.	peso		

Verticales

2.	uvas	18.	garganta
3.	cielo	20.	mía
5.	odie	22.	amará
6.	carne	24.	soltera
7.	casado	26.	nieve
9.	empiece	30.	celo
11.	barco	31.	are
12.	orejas	32.	unas
13.	lelo	34.	ir
17.	hay		

CAPÍTULO 10

EJERCICIO 1

1. distinguido / vestido
2. comprados / rotos
3. dormida / sentada
4. cuidadas / descuidadas
5. importados / robados
6. explotado / pagado
7. desarrollados / subdesarrollados

EJERCICIO 2

2. están abiertas
3. están reducidos
4. está cerrada
5. están doblados
6. está enojado
7. está sentado
8. están vendidas

EJERCICIO 3

1. han ahorrado
2. Se ha muerto
3. ha obtenido
4. hemos hecho
5. hemos abierto
6. ha doblado
7. han ido
8. han tenido
9. ha aumentado
10. has estado

EJERCICIO 4

1. Sí, ya lo hemos gastado.
2. Sí, ya han llegado.
3. Sí, ya la hemos visto.
4. Sí, ya he ido.
5. Sí, ya lo han (hemos) pagado.
6. Sí, ya lo han reducido.

EJERCICIO 5

1. habíamos sido
2. había enseñado
3. había empleado
4. habíamos gastado
5. habían trabajado
6. había vendido
7. habías roto
8. había hecho

EJERCICIO 6

1. habrá sustituido
2. habrá inventado
3. se habrá convertido
4. habrán experimentado
5. habrán desaparecido
6. habrá escrito
7. habrá vuelto
8. habremos muerto

EJERCICIO 7

1. habrías sabido
2. habrían pagado
3. habría vendido
4. habríamos gastado
5. Habrías vuelto
6. habría comprado
7. habría regateado

EJERCICIO 8

1. lo haya dicho
2. haya escrito
3. le hayas pagado
4. hayan ahorrado mucho
5. haya muerto
6. las hayas mantenido
7. se hayan ido solos
8. hayamos perdido

EJERCICIO 9

1. hubiéramos hecho un buen negocio
2. yo hubiera conservado electricidad
3. él no los hubiera visto
4. hubiera doblado la población
5. tú hubieras ahorrado 10.000,00 dólares en un año
6. (ellos) hubieran vivido en esa villa miseria
7. la explosión demográfica hubiera acelerado el desarrollo económico
8. Alfredo hubiera regateado en ese mercado

EJERCICIO 10

1. haya aumentado
2. hubiera hecho
3. hubieran comprado
4. te hubieras casado
5. hayamos vuelto
6. hayan roto
7. me hubiera divertido
8. haya eliminado

EJERCICIO 11

1. Hay muchos negocios cerrados.
2. Habrá empleados en la oficina antes de las siete.
3. Hay tomates muy caros aquí hoy.

4. Hay una fábrica de computadoras cerca de la universidad.
5. Habrá algunos científicos famosos en la reunión del martes.

EJERCICIO 12

1. han de	3. hay que	5. hay que	7. hemos de
2. Hay	4. hay	6. has de	8. hay

EJERCICIO 13

1. Fue tomado por un joven ingeniero.
2. Fueron reducidos por los dueños.
3. Fueron empleadas por la universidad "St. Anselm".
4. Fue vendida por José Luis.
5. Fueron casados por un cura católico.
6. Fue rota por Susanita.
7. Fue dividida por uno de sus antepasados.

EJERCICIO 14

1. Sólo las tierras más fértiles son cultivadas.
2. Ese auto fue vendido ayer.
3. Dos nuevas escuelas serán abiertas cerca de mi oficina.
4. ¿Dónde fue hecho el poncho de Mirta?
5. Los ejercicios serán escritos en clase.
6. ¿Cómo era gastado el dinero de esa fábrica de automóviles?

EJERCICIO 15

1. d   2. j   3. e   4. i   5. k   6. c   7. a   8. l
9. f   10. h   11. g   12. b

EJERCICIO 16

1. la explotación / la explosión	5. el empleo / el empleado
2. la inversión	6. el acompañamiento / el compañero
3. el desarrollo	7. la fábrica
4. el negocio	8. la vida / la vivienda

EJERCICIO 17

1. ¿Habrías gastado tanto dinero o lo habrías ahorrado?
2. Prefiero no regatear cuando los precios ya son (están) bajos.
3. Sus gastos han aumentado, pero su nivel de vida no ha cambiado.
4. Les prestamos el dinero que necesitaban.
5. La casa que yo quería fue vendida por el dueño la semana pasada.
6. ¿Cuántas personas habrá en el mundo en el año 2100?

CAPÍTULO 11

EJERCICIO 1

1. iniciáramos
2. me lave
3. hayan usado / haya respondido
4. tomen
5. dijera
6. hayan escrito (escribieran)
7. quiera / pueda
8. haya

EJERCICIO 2

1. Era difícil que el profesor se burlara de sus estudiantes.
2. Temo que eso no tenga ni pies ni cabeza.
3. La ley prohíbe que una persona se case con su hermano o hermana.
4. Papá mandó que nosotros no contáramos chistes verdes (*off-color jokes*) en presencia de los niños.
5. Es posible que los obreros ya hayan pintado todas las habitaciones.
6. Es bueno que yo pueda tomarle el pelo a Paco sin que él se enoje.
7. Ellos pedían que usted saliera del país lo antes posible.
8. Carlos espera que sus hijos voten por el candidato republicano.

EJERCICIO 3

1. Si le doliera la cabeza, tomaría una aspirina.
2. Si no hubieran estado cansados, no habrían deseado descansar.
3. Si Sofía y Rubén hubieran abierto la boca, habrían metido la pata.
4. Si el ascensor no estuviera roto, no tendrías que usar la escalera.
5. Si a Anita no le faltaran los dientes, no parecería una viejita.
6. Si hubiera hecho frío, habríamos podido esquiar en la montaña.

EJERCICIO 4

1. dijeras
2. existieran
3. hubiera descubierto
4. habríamos nacido
5. tuviéramos
6. compraría

EJERCICIO 5

(original sentences)

EJERCICIO 6

1. Aquí están José e Inés.
2. ¿Habló usted de minutos u horas?
3. Pensamos comer e ir allí lo antes posible.
4. ¿Piensas que es mejor olvidar o perdonar?
5. Es una reunión para hijos y padres.
6. ¿Es mujer u hombre?

7. ¿Quién llamó? ¿Pedro u Oscar?
8. Conocí a un muchacho inteligente e interesante.

EJERCICIO 7

1. sino	3. pero	5. sino	7. sino
2. pero	4. sino que	6. pero	8. pero

EJERCICIO 8

1. ¿Vienes para aquí?
2. Vendieron el sofá por mucho dinero.
3. Para ser inglesa, Susie habla muy bien el español.
4. Generalmente estudiamos por la noche.
5. ¿Piensa ir allí por tren?
6. Ella fue al mercado por leche, huevos y pan.
7. ¿Trabajan ustedes para esa compañía?
8. ¡Tengo que terminar la composición para las cinco!
9. Tú vienes por Alicia, ¿no?
10. Hoy trabajé por mi hermana.
11. Viajamos por América Central para Bogotá.
12. Compré el azúcar a diez pesos por (el) kilo.

EJERCICIO 9

por / para / para / por / para / por / por / para / por / Para / por / Por / por
para / para / por / por / para / por

EJERCICIO 10

1. por / para   2. Por / para   3. para / por   4. para / Por

EJERCICIO 11

1. por / para / por   2. por / o   3. he / hubiera

EJERCICIO 12

1. Eso que dices no tiene ni pies ni cabeza.
2. ¿Cuántas habitaciones (Cuántos cuartos) tiene la casa nueva?
3. Nuestro apartamento está al fondo del corredor.
4. ¿Realmente están por la inversión?
5. Antes era común construir el baño (el cuarto de baño, el retrete) como cuarto independiente de la casa.
6. Anoche usted tuvo una idea genial.
7. El estudiante sintió vergüenza y escondió la cara en la mano.
8. ¡Caramba! Paco acaba de meter la pata en presencia de su jefe.

EJERCICIO 13

1. piel
2. sala
3. alquiler
4. piso
5. rico
6. oreja
7. hombre
8. brazo

EJERCICIO 14

1. ¡No me tomes el pelo! Eso no tiene ni pies ni cabeza (Eso no tiene sentido).
2. Tengo una cama y un sillón en mi habitación (dormitorio, cuarto).
3. Alejandro es muy ocurrente y divertido.
4. Estamos para (por) salir para Barcelona; vamos por tres días.
5. Elisa estaba segura de que había cerrado la puerta de la cocina.
6. Me hubieran (habrían) aconsejado que no contara el chiste (aconsejado no contar el chiste).

SECCION LABORATORIO—EJERCICIO 7

The solution to the mystery is that Diana and Sofía were really two goldfish.

CAPÍTULO 12

EJERCICIO 1

1. Sí, los jóvenes están cantando.
2. No, María no está dibujando.
3. Sí, los estudiantes se están riendo.
4. Sí, Paco está corriendo.
5. No, la señora no está tejiendo un suéter.
6. No, nosotros no estamos pintando un cuadro.
7. Sí, yo estoy hablando por teléfono.
8. No, las muchachas no están mirando televisión.

EJERCICIO 2

1. Papá y mamá estaban mirando televisión.
2. Pepito estaba estudiando y el perro estaba durmiendo en la sala.
3. Sentada en mi cama, yo estaba terminando un cuento de Poe.
4. Era el segundo cuento de terror que estaba leyendo esa noche.
5. De repente vi que Roberto y yo estábamos paseando por un parque.
6. Alguien nos estaba siguiendo y nosotros estábamos corriendo desesperadamente.
7. Roberto me estaba diciendo algo en inglés.
8. ¿Por qué me estaba hablando en inglés? ¿Qué estaba pensando hacer con ese péndulo?
9. El péndulo me estaba atacando y yo estaba tratando de escaparme.
10. "Pero mi hija, ¿qué te pasa? ¿Por qué estabas gritando hace un rato?
    ¡Son las siete de la mañana! ¡Es hora de levantarte!"

EJERCICIO 3

1. Nos estábamos especializando en literatura española.
2. Creo que los policías están investigando el crimen.
3. ¿Estarían fracasando ustedes si Susana no los estuviera ayudando?
4. Anoche estuve componiendo una sonata para ti.
5. Marcelo se está fijando en el retrato de Ana pero ella no lo nota.
6. Yo estaré pensando en ustedes mientras estén estudiando para el examen de arquitectura.

EJERCICIO 4

1. íbamos comiendo
2. sigo viviendo
3. estoy siguiendo
4. venían sufriendo
5. estuve hablando
6. anda diciendo

EJERCICIO 5

1. Probablemente haciendo sus tareas.
2. Probablemente preparando sus conferencias.
3. Probablemente tejiendo o cosiendo.
4. Probablemente componiendo canciones.
5. Probablemente diseñando edificios.
6. Probablemente observando los astros.
7. Probablemente leyendo guiones.
8. Probablemente investigando el átomo.
9. Probablemente dibujando o diseñando ropas.

EJERCICIO 6

que / que / cuyo / quienes / que / que / que / cuyas / que / cuya / cuyo / que / que / cuyo / quien / cuyas / cuyo / que

EJERCICIO 7

1. Ésta es la diseñadora chicana de quien te hablaba ayer.
2. Acabamos de notar ese dibujo que parece dibujado por un niño.
3. ¿Dónde están los escultores con quienes usted fue al museo ayer?
4. Mañana irán a casa del carpintero cuyo último trabajo le gustó mucho a Paco.
5. Gabriel García Márquez es un escritor colombiano cuyos personajes generalmente viven en un pasado mítico.
6. ¿Cómo se llama ese poeta chileno que ganó el premio Nóbel en 1971?
7. Rogelio tiene dos hermanas que tienen una colección de monedas muy completa.
8. ¿Es André el estudiante francés a quien le permitieron seguir el mismo curso dos veces?

EJERCICIO 8

1. la cual
2. el cual
3. los cuales
4. las cuales
5. los cuales
6. las cuales

EJERCICIO 9

1. los que
2. lo que
3. la que
4. lo que
5. cuya
6. quien
7. El que
8. que

EJERCICIO 10

1. poquito
2. cortito
3. novelitas
4. niñitos
5. tiempito
6. amiguita
7. pequeñitas
8. ratito

EJERCICIO 11

1. d   2. h   3. e   4. f   5. c   6. g   7. a   8. b

EJERCICIO 12

1. contar
2. divertir(se)
3. escribir
4. pintar
5. observar
6. inventar
7. reunir(se)
8. publicar
9. adornar
10. producir

EJERCICIO 13

1. novela
2. autoras (escritoras)
3. cuentos
4. componer
5. arquitecto
6. personaje
7. pinturas (cuadros)

EJERCICIO 14

1. Ése es el estudiante cuya investigación pronto será publicada.
2. Estaban dibujando en el parque otra vez.
3. Supimos que estaba publicando un ensayo, lo que no nos sorprendió.
4. Ella es una arquitecto a quien respeto mucho.
5. Alicia compró la tela de España, luego (después) diseñó y cosió ese hermoso vestido.
6. Estoy leyendo una novela corta cuyo título es El creador que no podía crear.

Horizontales

2.	cuerpo	28.	tía
8.	cama	30.	reza
10.	carácter	32.	otra vez
12.	lengua	35.	creen
13.	ir	38.	aire
14.	su	39.	poeta
15.	lee	40.	escritor
17.	una vez más	43.	traductor
19.	iban	47.	río
22.	suelo	48.	risa
23.	ironía	49.	ola
25.	pelo	50.	mesa
26.	espalda	51.	poema

Verticales

1.	escalera	27.	pie
3.	unas	29.	critico
4.	piel	31.	colegio
5.	callar	33.	iré
6.	nariz	34.	autor
7.	investigar	35.	crear
8.	cara	36.	época
9.	mi	37.	no
11.	curioso	38.	artes
16.	empleado	41.	cura
17.	un	42.	boca
18.	mano	44.	di
20.	tratar	45.	U.S.A.
21.	hora	46.	ojo
24.	nota		